Oliver Petersen

Gelassen durch den Alltag

OLIVER PETERSEN

Gelassen durch den Alltag

WIE DIE BUDDHISTISCHE LEBENSKUNST UNS GLÜCKLICH MACHT

ullstein leben

Ullstein leben ist ein Verlag der
Ullstein Buchverlage GmbH

ISBN 978-3-96366-000-9

© 2019 by Ullstein Buchverlage GmbH, Berlin
Lektorat: Gudrun Jänisch
Umschlaggestaltung: zero-media.net, München
Satz: LVD GmbH, Berlin
Gesetzt aus der Dante MT Pro
Druck und Bindearbeiten: GGP Media GmbH, Pößneck
Printed in Germany

INHALT

Was ist Glück? Materieller Wohlstand, Lebenslust, Freiheit, Erfolg, ein Haus am See, Schönheit, am Sonntag ausschlafen, eine stabile Partnerschaft, glitzernde Tautropfen am Morgen? Die Liste könnte endlos fortgesetzt werden, wenn wir uns nur an Äußerlichkeiten orientieren. In diesem Buch zeige ich Ihnen einen Weg zum inneren und wahren Glück. Wir müssen nur die Schlüssel dafür finden. Die alten buddhistischen Weisheiten und Praktiken helfen uns dabei. Ich lade Sie deshalb ein, sich gemeinsam mit mir auf den Weg zu machen: auf in ein Leben voller Gelassenheit und Glück.

Eine berühmte Aussage des Buddha lautet sinngemäß, dass wir selbst der hilfreichste Freund, aber auch der schädlichste Feind in unserem Leben sind. Heutzutage bringen die Menschen im Westen dem Buddha und seiner Lehre große Sympathie entgegen, und viele Menschen erhoffen sich davon eine wertvolle Ergänzung in ihrem Leben. Zwar geht es den meisten von uns materiell gesehen recht gut, aber das allein führt offenbar nicht zu innerem Wohlsein und Glück. Im

Gegenteil scheinen die Lebensbedingungen in einer sich ständig beschleunigenden Welt – die sehr auf ökonomische Werte ausgerichtet ist – zunehmend psychische Unrast, Ängste und Erschöpfung auszulösen. Auch die menschlichen Beziehungen im Beruf, der Familie und der Partnerschaft vermitteln uns selten die Wärme, Wertschätzung und Nähe, die wir uns ersehnen. Wir wünschen uns mehr Freude, Leichtigkeit und Gelassenheit und das Gefühl der Sinnhaftigkeit in unserem Leben. Tatsächlich kann die jahrtausendealte große Tradition der geistigen Schulung des Buddhismus in diesem Zusammenhang eine Ergänzung zu unseren westlichen Errungenschaften in Wissenschaft und Technik darstellen, damit wir nicht nur äußerliche Annehmlichkeiten erfahren, sondern auch inneres Glück finden können. Dieses innere Glück können wir nicht in materiellen Dingen finden. Es ist abhängig davon, welche geistigen Einstellungen und Gewohnheiten wir entwickeln. Bestimmte Denkweisen führen zu Glück im Umgang mit uns selber und anderen. Sie können uns von größerem Nutzen sein als alle Freunde und uns überallhin begleiten. Andere Emotionen und Perspektiven dagegen führen zu mehr Leid, als es uns eine andere Person jemals zufügen kann, und auch dieses wird uns begleiten, wo immer wir hingehen. Wollen wir also in einem tieferen Sinne glücklich werden, tragen wir selbst die Verantwortung,

an uns zu arbeiten und positive Eigenschaften hervorzubringen. Jeder ist sein eigener Beschützer, sagt der
Buddha dazu.

Ich selbst bin in Deutschland wohlbehütet aufge-
wachsen, aber musste erfahren, dass sich trotzdem
irgendwann große innere Turbulenzen ergaben und
ich weit entfernt war von Zufriedenheit und Gelassenheit. Die Begegnung mit dem Buddhismus inspi-
rierte mich deshalb zutiefst. Plötzlich bemerkte ich,
dass ich den Schlüssel für mein Wohlergehen selbst
in der Hand habe, und mittlerweile widme ich mich
dieser indo-tibetischen Lehre in Theorie und Praxis
seit über 40 Jahren, 16 Jahre davon als buddhistischer
Mönch im Tibetischen Zentrum e. V. Hamburg. Die
Freude und das Vertrauen in mich selbst, die ich durch
die Lehre geschenkt bekam, hat mich niemals verlassen, und ich vermittle mittlerweile inzwischen seit
einigen Jahrzehnten westlichen Schülern meine Erfahrungen, die ich durch die Lehren großer tibetischer
Meister – wie dem Dalai Lama oder meinem persönlichen Lehrer Geshe Thubten Ngawang – machen
konnte. Zusätzlich profitiere ich dabei von meiner
Ausbildung und Praxis als Gestalttherapeut. Ich be-
merke bei meiner Lehrtätigkeit, dass meine Schüler
die gleichen Bedürfnisse und Fragen haben wie ich,
als ich mit der Praxis begann. Sie spiegeln mir oft, dass
auch ihnen die Übungen, die ich ihnen weitergebe,

von Nutzen sind, um mit ihrem Leben besser zurecht-zukommen.

Allerdings stelle ich mich darauf ein, dass die meisten von Ihnen nicht unbedingt religiös sind oder gar Buddhisten werden wollen. Der Dalai Lama spricht in diesem Zusammenhang von der Vermittlung einer »säkularen Ethik« für jedermann. Diese Vorgehensweise hat sich schon bei der Einführung der Achtsamkeitspraxis in die Psychotherapie des Westens als sehr erfolgreich herausgestellt. Es gibt darüber hinaus aber noch sehr viel mehr bisher ungehobene Schätze des Buddhismus, die für die Menschen in unserer Kultur nützlich sein können. In diesem Buch erkläre ich Ihnen, systematisch und leicht verständlich, die buddhistische Geistesschulung und vermittle Ihnen grundlegende Übungen, die Ihnen im Alltag helfen werden, gleichmütig und glücklich zu sein.

Ich hoffe von Herzen, dass Ihnen mein Buch zeigt, dass auch in unruhigen Zeiten ein gelassenes Leben, mithilfe der buddhistischen Lebenskunst, im Alltag möglich ist. Ich verbinde damit auch den Wunsch, dass immer mehr Menschen durch die Entwicklung eines friedlichen Geistes zu einer glücklicheren Zukunft der Menschheit im 21. Jahrhundert beitragen werden.

KANN ICH GLÜCKLICHSEIN TRAINIEREN?

IST GLÜCK GLÜCKSSACHE?

Alle Menschen haben etwas gemeinsam: den Wunsch, glücklich zu sein und nicht zu leiden. Diese scheinbar banale Einsicht besitzt ein großes Potenzial und kann in unserem persönlichen Leben und in der Gesellschaft einen wirklichen Wandel zum Positiven bewirken. Es ist dafür allerdings notwendig, diese Erkenntnis zu einer Erfahrung zu machen, indem man sie nicht nur vom Kopf her akzeptiert, sondern sich davon im Herzen berühren lässt. Dann hat sie das Potenzial, zu einer Veränderung der psychischen Muster des Einzelnen zu führen. Und diese neue Konditionierung kann dann auch zu einem Wandel in der globalen menschlichen Gemeinschaft ausstrahlen.

Einstein sagte einmal sinngemäß, dass man die Probleme nicht mit den Denkstrukturen ändern kann, die sie bewirkt haben. Das entspricht auch der Aussage des historischen Buddha: »Den Dingen geht der Geist voran, der Geist entscheidet.« Dieses Zitat handelt nicht von der Frage, *wie* die Welt entstanden ist, sondern *wovon* die Qualität unseres Lebens wesentlich abhängig ist. Äußere Verhältnisse sind demnach nicht die eigentlichen Ursachen unseres Glücks und Leidens, sondern höchstens Umstände, die diese Empfindungen auslösen. Die eigentlichen Wurzeln unseres Wohlbefindens liegen nicht außerhalb von uns, sondern in uns, wo sie unsere Lebenswelt prägen.

Auch in der Neurowissenschaft hat sich die Erkenntnis durchgesetzt, dass unser Gehirn formbar und wandlungsfähig ist. Jede Aktivität unseres Geistes in Form von Gedanken, Empfindungen und Wahrnehmungen prägt unser Gehirn. Wir haben also einen wesentlichen Einfluss darauf, wie wir die Welt erleben bzw. konstruieren. Geist und Gehirn sind untrennbar verbunden. Andere Forschungen zeigen, dass bewusste Meditation – zum Beispiel im Bereich der Achtsamkeit und der Schulung des Mitgefühls – unsere geistigen und neuronalen Strukturen trainiert und verändert. Damit haben wir den Schlüssel in der Hand, auf einer tieferen Ebene etwas für unseren inneren Frieden zu tun. Indirekt können wir damit auch etwas beitragen für die Entwicklung einer angesichts der Krisen der Gegenwart so dringend erforderlichen Kultur des Mitgefühls und des Dialoges. Dieser Prozess ist durchaus vergleichbar mit der Notwendigkeit, den Körper zu trainieren und vor Giften zu schützen, um ihn gesund zu erhalten. Auf der geistigen Ebene gilt das Gleiche, nur dass wir diese Tatsache oft außer Acht lassen und davon ausgehen, dass unsere Charakterstruktur festgelegt und kaum beeinflussbar ist. Tatsächlich ist aber ein noch stärkerer und nachhaltigerer Effekt durch geistige Übungen möglich als durch körperliches Training, das immer limitiert sein wird.

Auf der Grundlage der Überzeugung, dass wir uns zum Positiven, oder wie es im Buddhismus heißt: Heilsamen, entwickeln können, stellt sich nun die Frage, wie wir tatsächlich ein glückliches Leben führen können und welche Bemühungen dazu eher sinnlos oder sogar destruktiv sind.

WEGE ZUM GLÜCK

Als Lebewesen zeichnen wir uns dadurch aus, dass wir Empfindungen von Glück und Leid erleben. Natürlich bevorzugen wir Glück und wollen Leiden vermeiden. Alles, was wir denken und tun, ist von diesem grundlegenden Instinkt motiviert. Sogar bei kleinsten Lebewesen, wie etwa Insekten, können wir beobachten, dass sie ausweichen, wenn sie ein Hindernis oder eine Gefahr auf dem Weg bemerken und sich etwa auf eine Nahrungsquelle zubewegen. Sie verfügen allerdings nur über beschränkte Mittel in ihrem Streben nach Glück, die im Wesentlichen aus Flucht, Angriff oder Nahrungsaufnahme bestehen. Das menschliche Verhalten verfügt über ein weitaus reicheres Repertoire. Die gesamte Kulturgeschichte der Menschheit kann man als ein Experiment mit verschiedenen Strategien sozialer, religiöser und politischer Art zur Erlangung von Wohlergehen betrachten. Aber welche Methoden machen uns nun glücklich?

WENIGER IST MEHR

Die meisten Menschen streben zunächst nach materiellem Wohlstand. Das ist sicherlich legitim, und eine stabile ökonomische Situation trägt auch wirklich zum persönlichen Glück bei. Allerdings zeigen die Untersuchungen der Glücksforschung, die sich mittlerweile etabliert hat, dass bei einem gewissen Maß an materieller Sicherheit eine Sättigung eintritt und der weitere Ausbau des finanziellen Einkommens die Erfahrung von Glück nicht weiter befördert. Im Gegenteil: Übermäßig reiche Menschen neigen eher zu Misstrauen und Ängsten und verspüren keineswegs ein Gefühl der Befriedigung. Die Gier nach materiellem Besitz scheint unstillbar zu sein, als ob man Salzwasser trinken würde und dadurch niemals den Durst löschen kann. Auch wohlhabende Nationen sind nicht zwangsläufig glücklicher als die in eher bescheidenen Verhältnissen lebenden Gesellschaften. Zudem führt das einseitige Streben nach materiellen Gütern zu einer Bindung an viele mühsame Aktivitäten und zu einer Verschwendung wertvoller Lebenszeit, die man besser in befriedigendere soziale Beziehungen investieren sollte. Im schlimmsten Fall lässt man sich zu egoistischen und unmoralischen Handlungen hinreißen, die menschliche Beziehungen belasten und die ganze Gesellschaft – wie im Falle der oft maßlosen Finanzwirtschaft zu beobachten ist – destabilisieren. Auch globale Probleme wie die Klimaerwärmung sind auf mangelnde Genügsamkeit der Menschen zurückzuführen. Deshalb ist es für die eigene Psyche und die weltweite Situation förderlicher, Maß zu halten in seinem Streben nach immer mehr und immer höherwertigerem Konsum.

FREUNDE – WICHTIGER ALS RUHM UND MACHT

Ein Großteil unserer Aktivitäten gilt auch dem Ziel, Einfluss und vielleicht sogar Macht über andere zu erlangen. Prominente werden in den Medien als Vorbilder dargestellt. Wir eifern ihnen nach und glauben, dass wir an ihrer Stelle zufrieden wären. Menschen, die tatsächlich berühmt sind, stellen aber fest, dass solch eine herausgehobene Position auch nicht glücklich macht. Wesentlich wichtiger als etwa Ruhm und

Bekanntheit sind stabile Beziehungen im Leben. So hört man zum Beispiel von einigen Hollywood-Stars, dass sie sich für Meditation interessieren. Das ist durchaus nachvollziehbar, da diese Menschen alles erlangt haben, was wir normalerweise an Geld, Ruhm und Attraktivität anstreben. Sie merken jedoch, dass es nicht zu dem gewünschten Wohlbefinden führt. Im Gegenteil muss man auch ständig darum bangen, es wieder zu verlieren. Persönliche Ängste durch das Erlangen von Macht über andere abzubauen scheint auch keine erfolgreiche Strategie zu sein. Um in eine solche Position zu kommen, muss man sich oft vielen Kämpfen stellen, die zumeist nicht von Erfolg gekrönt sind. Hat man aber die gewünschte Stellung erreicht, muss man befürchten, sie bald wieder zu verlieren. Im Zuge dieser Bemühungen kann es passieren, dass man sogar Gewalt anwendet, die letztlich die eigene Persönlichkeit zerstört und im politischen Maßstab bis hin zu Kriegen führen kann. Es ist hilfreicher, sich um einen Freundeskreis und dessen Wertschätzung zu bemühen. Übertriebenes Streben nach Bekanntheit, Ruhm oder gar Macht werden nicht das gewünschte Ziel von Sicherheit und Befriedigung mit sich bringen. Das zeigen auch die Biografien vieler Menschen, die diese Ziele verfolgt haben und oft viel Leid über sich und andere gebracht haben.

SCHÖNHEIT UND GLÜCK

Viel Aufmerksamkeit verwenden wir auf unsere körperliche Attraktivität. Es ist nachvollziehbar, dass man auf die Gesundheit des Körpers und eine gepflegte Erscheinung achten will. Eine Art Kult um den Körper zu betreiben und ihn zu perfektionieren wird aber ein aussichtsloses Unterfangen sein. Attraktive Menschen glauben häufig, dass sie nicht für ihre Persönlichkeit, sondern nur für ihr Äußeres Aufmerksamkeit bekommen. Außerdem müssen sie befürchten, dass diese Wertschätzung mit dem Alter oder bei körperlichen Gebrechen nachlässt. Darüber hinaus sind sie oft sehr kritisch mit ihrem eigenen Aussehen. Es geht viel Energie und Zeit verloren für solche Äußerlichkeiten, die niemals die Nähe zu anderen Menschen herbeiführen können, die wir eigentlich brauchen. Das gilt auch für die Fixierung auf die Sexualität in der Öffentlichkeit, die, wenn sie nicht von menschlicher Nähe begleitet wird, eher zu Frustrationen und Einsamkeit führt.

ERSATZBEDÜRFNISSE ALS GLÜCKSBRINGER

Vielleicht streben wir nicht so extrem nach Besitz, Macht und Attraktivität wie manche Personen, die in der Öffentlichkeit stehen. Wenn wir aber unser Leben beobachten, werden wir feststellen, dass sich ein großer Teil unserer Aufmerksamkeit auf das Erlangen äußerer Annehmlichkeiten richtet – zum Beispiel auf angenehme Sinneserfahrungen, Attraktivität oder Einfluss. Wir überschätzen diese oft in ihrer Bedeutung für unser Leben. Es besteht zumeist nur die Alternative, frustriert zu sein, weil man diese Dinge nicht in dem Maße erlangt, wie man es sich in seinen Träumen wünscht; oder aber man erlangt sie und wird bemerken, wie unbefriedigend oder unwichtig sie sind.

KRISEN ALS CHANCEN NUTZEN

Krisen können auftreten, wenn wir Erfahrungen der Trennung von Personen, Situationen und Dingen erleben, die uns scheinbar Sicherheit geben konnten. Das kann eintreten, wenn eine Partnerschaft sich auflöst, man den Arbeitsplatz verliert oder gesundheitliche, vielleicht sogar lebensbedrohliche Probleme auftreten. Die ganze Illusion eines sicheren und glücklichen Lebens durch das Festhalten an äußeren Dingen bricht angesichts der Realität des Wandels aller Erscheinungen und der Unsicherheit jeder Situation in sich zusammen.

Heutzutage beobachten wir, dass psychische Instabilitäten wie Ängste, Erschöpfungszustände und Depressionen zunehmen. Gerade in den wohlhabenden Ländern des Westens grassieren sie fast epidemisch. Das mag auch mit dieser Erfahrung der Sinnlosigkeit allein äußerlicher Bestrebungen zusammenhängen. Diese Situation wird durch die zunehmende Beschleunigung in allen Bereichen der Gesellschaft und die Vereinzelung des modernen Individuums noch verstärkt. Einige Menschen reagieren auf diese Lage, indem sie ihre Bemühungen um eine große Karriere, finanziellen Wohlstand und ihre äußerliche Erscheinung noch intensivieren und immer egoistischer handeln. Sie bemerken dann jedoch, dass sie sich im sprichwörtlichen Hamsterrad befinden und das Leiden weiter zunimmt.

Für andere stellt diese Krise eine Chance dar, die sie ergreifen, um eine Art Umkehr zu bewirken. Sie fragen sich, ob es nicht auch alternative Lebenshaltungen gibt, die die Sehnsucht nach Glück eher erfüllen können als diese Ersatzbefriedigungen. Vielleicht nutzen sie eine Psychotherapie und beginnen ihre bisherigen Vorstellungen von den Erwartungen des Lebens infrage zu stellen. Welche Bedürfnisse sind in ihrem Leben zu kurz gekommen? Erfreulicherweise orientiert sich mittlerweile zum Beispiel die Positive Psychotherapie mehr an der Entwicklung der inneren Ressourcen eines Menschen, anstatt die Ursachen des Leidens nur in der Vergangenheit zu suchen. So erkundet die Positive Psychotherapie solche positiven Eigenschaften, die Zufriedenheit, Freude, Optimismus und Schwung bewirken. Damit kann diese Therapie sicherlich hilfreich sein. In jedem Fall ist es ein nützlicher Ansatz, die eigenen psychischen Muster in Begleitung einer kompetenten und zugewandten Person zu erforschen. Allerdings ist die Psychotherapie des Westens noch recht jung und verfügt nicht über die Tiefe der spirituellen Traditionen der Menschheit, um die tiefsten Ursachen des Leidens aufzudecken und zu überwinden. Manche Menschen beschäftigen sich auch mit der akademischen Philosophie, um einen Sinn in ihrem Leben zu finden. Auch das ist sicher ein förderlicher Ansatz. Wenn die Erkenntnisse allerdings nicht praktisch umgesetzt werden, wird das keine echte Veränderung der Persönlichkeit mit sich bringen. Trotz der Errungenschaften der Aufklärung und der Entwicklung humanistischer Philosophien, die auch zu der Idee der allgemeinen Menschenrechte führte, kam es im 20. Jahrhundert zu den barbarischen moralischen Regressionen, die sich in zwei furchtbaren Weltkriegen Bahn brachen. Die Ausrichtung auf die Naturwissenschaft ist natürlich auch ein Bemühen der Menschen, zur Erkenntnis der Welt und ihrer Zusammenhänge zu kommen. Doch richtet sie sich heutzutage meistens auf die äußere Welt. Diese Erkenntnisse werden die Menschen nicht zwangsläufig glücklicher machen.

Die Bemühung um Kontrolle über die äußere Welt, die sich darin auch oft spiegelt, wird bei allen Fortschritten für die Entwicklung eines angenehmeren Lebens letztlich immer scheitern. Je mehr neue Erkenntnisse vorliegen, desto mehr neue Fragen ergeben sich. Wenn das explosionsartig gewachsene Wissen der Menschheit über die Natur und Technik nicht mit einer inneren Entwicklung einhergeht, können aus dieser Ausrichtung sogar katastrophale Entwicklungen im Bereich der Waffentechnik und der Umweltverschmutzung folgen. Dadurch werden sich neue Leiden einstellen.

DIE GEISTIGE AUSRICHTUNG

Die gründlichsten Antworten auf die Frage nach den Ursprüngen von Glück und Leid finden sich meines Erachtens in den großen spirituellen Traditionen der Menschheit. Über Jahrtausende wurden dabei tiefgehende Erfahrungen über die spirituellen Potenziale des Menschen gewonnen. Ein großer buddhistischer Meister Indiens schrieb einmal: »Alle Wesen wollen Glück erfahren und zerstören es doch wie einen Feind. Alle Wesen wollen nicht leiden und laufen doch direkt in das Leiden hinein.« In diesem Zitat geht es darum, dass eine egoistische und um äußere Dinge bemühte Lebenshaltung anstelle des gewünschten Glücks letztlich nur Leiden mit sich bringt. Diese Erkenntnis, die in einer persönlichen Lebenskrise zutage treten kann, hat die Kraft, einen Menschen zu motivieren, sein Leben zu verändern. Anstatt das Glück von außen zu erwarten, können wir beginnen, innere Ursachen des Glückes in Form von positiven Gedanken und Emotionen hervorzubringen. Statt uns egoistisch zu verhalten, können wir uns dem Mitgefühl zuwenden. Ganz allgemein kann man sagen: Glück ist das Ergebnis einer inneren positiven Einstellung, einer seelischen Haltung. Diese Neuausrichtung muss nicht zwangsläufig mit dem Bekenntnis zu einer Religion einhergehen. Viele Menschen des Westens haben kein Vertrauen mehr in die Religion; insbesondere, weil es in den Institutionen der Religionen auch oft Fehlverhalten gegeben hat. Außerdem gibt es vielfältige Religionen, und wir können uns nicht alle auf ein Bekenntnis einigen. Gleichzeitig brauchen wir aber heute in einer globalen Gesellschaft gemeinsame Werte, um friedlich und kooperativ zusammenzuleben. Diese Werte finden sich in den spirituellen Traditionen der Menschheit. Man kann diese auch ohne ein Bekenntnis zu einer Religion, allein mit säkularen Zielen praktizieren. Auch die moderne Anthropologie und Neurowissenschaft kann darin bestärken, zu erkennen, was vernünftige Werte und Lebenshaltungen sein können, die sich aus dem Wesen des Menschen ergeben. Die spirituellen Traditionen verfügen mit ihrer Methodik zur Transformation in diesem Zusammenhang über einen reichen Schatz. Der Dalai Lama spricht hier von der Notwendigkeit der Verbreitung von Werten wie Mitgefühl, Genügsamkeit, Geduld und der Einsicht in die gegenseitige Abhängigkeit der Menschheit. Er fordert sogar eine Art spirituelle Revolution der Menschheit, um den Herausforderungen persönlichen Unwohlseins und politischen Unfriedens gerecht werden zu können. Die Wurzel allen Glücks und Leidens liegt in unserem eigenen geistigen Verhalten. Positive Emotionen, wie etwa Mitgefühl und Zufriedenheit, bewirken das Glück des Einzelnen und der Gesellschaft. Negative Emotionen wie Hass und Gier sind die eigentlichen Ursachen des Leidens auf allen Ebenen. Der Buddha hat diese Erkenntnis in der grundlegenden Struktur seiner Lehre mit den *Vier Edlen Wahrheiten* ausgedrückt. Diese sind die Wahrheit vom Leiden, den Ursprüngen des Leidens, der Beendigung des Leidens und des Weges, der zur Beendigung des Leidens führt. Die Systematik der buddhistischen Lehre ist mit dem Vorgehen eines Arztes bzw. Therapeuten vergleichbar. Allerdings handelt es sich hier um die Heilung des ganzen Menschen und nicht nur um eine bestimmte Symptomatik des Leidens. Es wird eine Diagnose des eigenen Unwohlseins erstellt, nach den möglichen Verursachern im Verhalten gesucht, Hoffnung auf Heilung gemacht und schließlich eine Therapie empfohlen. Es handelt sich dabei um eine doppelte Kausalität in Bezug auf unsere Ausgangsfrage nach Leiden und seinen Ursachen und nach Glück und seinen Ursprüngen. Die positiven und negativen Emotionen sind die grundlegenden Ursachen für unsere Frustrationen bzw. Freuden. Danach sind Unwissenheit und die aus diesen Projektionen des Geistes folgenden inneren Haltungen der Gier und des Hasses die wahren Ursprünge des Leidens. Diese negativen Emotionen ihrerseits führen zu weiteren verwirrten Zuständen des Bewusstseins wie Stolz, Neid, Eifersucht usw. Negative Handlungen wie Lügen, Beschimpfungen und Streitsucht über Stehlen bis hin zum Töten ergeben sich wiederum daraus und führen zu Verstrickungen im persönlichen und gesellschaftlichen Leben.

Denen entgegengesetzt sind Emotionen wie Genügsamkeit, Liebe, Mitgefühl, Mitfreude, Gleichmut, Geduld, Dankbarkeit usw. Diese sind der wahre Weg zum Glück und bringen Frieden im eigenen Herzen und in der Beziehung zu seinen Mitmenschen mit sich. Dieser drückt sich dann in physischen Handlungen der Freigebigkeit und Kooperation aus. Allen Handlungen geht zunächst eine Motivation voraus, die deren Qualität maßgeblich bestimmt.

Diese Erkenntnis des Buddhismus wird heute von der Neurowissenschaft, der Glücksforschung und der

Verhaltenstherapie zunehmend verifiziert. Sogar in der Welt der »harten Fakten« wie in der Physik wird immer deutlicher, dass wir die Welt unter dem Einfluss unserer subjektiven Prägungen erleben. Wir nehmen die Welt je nach unseren Modellen und Mustern bzw. unserer Bewusstseinsentwicklung sehr unterschiedlich wahr und reagieren dann entsprechend unterschiedlich darauf.

Besinnung zum Positiven

Wenn wir für die Erkenntnis aufgeschlossen sind, dass unsere Gedanken die eigentliche Ursache unseres Glücks und Leidens sind, stellt sich nun die Frage, ob und wie wir uns zum Positiven verändern können. Halten Sie dafür einmal inne, fliehen Sie nicht vor sich selbst, gönnen Sie sich Muße und richten Sie den Blick auf den eigenen Geist.

Lassen wir uns einmal weniger von äußeren Dingen ablenken und schauen wir nach innen, werden wir vor allem feststellen, dass es uns gegenwärtig an innerer Freiheit fehlt. Wollen wir uns etwa auf eine Handlung oder auch nur auf unseren Atem konzentrieren, bemerken wir eine innere Stimme, die fortwährend vor sich hin plappert, ob wir es nun wollen oder nicht. Sie zieht uns von unserer Aufmerksamkeit fort, als seien

wir ferngesteuert. Oft folgen wir diesen inneren Ein-
flüsterungen, indem wir von einer Assoziation zur
anderen springen und dabei auch überwiegend eher
hinderliche Vorstellungen hervorbringen. Diese sind
meistens mit Ängsten über die Zukunft oder Schuldgefühlen über die Vergangenheit verbunden. Es ist ein
großer Fortschritt, sich überhaupt darüber bewusst
zu werden, dass wir im Moment nicht Beherrscher
unseres eigenen Geistes, sondern automatisiert in ge-
wohnheitsmäßigen Denkschleifen gefangen sind. Wir
können froh sein, das zu bemerken. Gleichzeitig ist es
aber besorgniserregend. Wir nehmen wahr, dass die
Gedanken maßgeblich für die Qualität unseres Lebens
verantwortlich sind, und gleichzeitig erkennen wir,
dass wir nicht ausreichend über Kontrolle verfügen,
den Geist positiv auszurichten, sondern ständig abgelenkt sind. Die Situation ist so ähnlich, wie es Platon
in einem Bild schildert: Der ungeschulte Mensch ist
wie ein Schiff im Sturm, während der Kapitän in Ketten im Schiffsrumpf liegt. Es ist nur eine Frage der
Zeit, wann das Schiff an den Klippen zerschellt. Es
wird also Zeit, sich aus den Ketten zu befreien und zu
lernen, selbst wirksam zu werden, das Steuer zu ergreifen und einen stabilen Kurs einzuschlagen.

Dafür müssen Sie segeln lernen. Die hilfreichste
Technik, um sich von den inneren Fesseln zu befreien
und den Geist an positive Gedanken zu gewöhnen,

ist die Geistesschulung, vor allem in Form der Meditation.

In den letzten Jahren wurden erfahrene Meditierende während ihrer Übungen im Magnetresonanztomografen (MRT) untersucht. Der bekannte Wissenschaftsautor Manfred Spitzer erklärte, dass Menschen, die regelmäßig meditieren, vor allem aufmerksam und ausgeglichen sind.

Diese Beobachtung der Wissenschaft deckt sich auch mit zwei wesentlichen Fähigkeiten, die es beim Meditieren zu schulen gilt.

Zunächst ist es nämlich nötig, mithilfe von Achtsamkeitstechniken längere Zeit intensiv bei einer sinnvollen Beobachtung zu bleiben. Damit kann man, insbesondere wenn man seinen eigenen Geist beobachtet, eine Art Bestandsaufnahme machen. Man kann das mit einer Firma vergleichen, die wirtschaftliche Probleme hat. Zunächst wird sie einen Berater einstellen, der die einzelnen Bereiche des Unternehmens genau beobachtet und prüft. In einem zweiten Schritt können dann Veränderungen eingeleitet werden, die zu einer Gesundung des Betriebes führen. Wenn wir also unsere eigenen inneren Strukturen mithilfe der Achtsamkeit erforscht haben, können wir gezielt positive Emotionen einüben. Diese werden schließlich den eigenen Charakter formen, innere Stärke bzw. Resilienz bewirken und die Grundlage für ein sinnvolles und glückliches Leben bilden können.

Um zu verstehen, dass eine solche überaus wünschenswerte Entwicklung tatsächlich möglich ist, werden wir uns im folgenden Kapitel mit dem Wesen des Geistes und seinen Möglichkeiten zur Entfaltung von positiven Ressourcen und Potenzialen beschäftigen.

KANN ICH MICH WEITERENTWICKELN?

Können wir uns bewusst weiterentwickeln, um innere Ursachen des Glücks zu schaffen? Buddhistische Philosophen haben viel Mühe darauf verwandt, um zu beweisen, dass sogar eine grenzenlose Entwicklung wünschenswerter geistiger Eigenschaften möglich ist.

Man kann den Buddhismus als eine Art Wissenschaft des Geistes bezeichnen. Ähnlich einem Naturwissenschaftler, der seine Instrumente wie das Mikroskop oder das Teleskop auf die äußere Welt richtet, um sie genau zu beobachten, schaut der Meditierende mit voller Aufmerksamkeit nach innen, um zu erkennen, wie der Geist funktioniert. Über Jahrtausende wurden dabei intensive Erfahrungen gewonnen und unter den Meditierenden ausgetauscht, und diese Kenntnisse wurden dann in Schriften fixiert.

Es ist möglich, den Geist durch Üben zu schulen. Man muss es einfach ausprobieren und trainieren. Das beste Argument ist immer die eigene Erfahrung, die einem die unumstößliche Gewissheit gibt, dass es funktioniert, egal ob andere Menschen es auch glauben oder nicht.

Bildlich können wir uns den Geist wie ein Licht vorstellen. Setzen wir uns am Morgen, wenn wir noch nicht so viele neue Eindrücke aufgenommen haben, der Alltag noch nicht begonnen hat und es um uns herum ruhig ist, einmal ganz entspannt hin. Wir lassen uns nicht von äußeren Dingen ablenken, sondern schauen nach innen. Im Buddhismus wird der Geist mit einem Licht verglichen: Wir erleben dann in uns eine Kraft, die wie ein Licht die Dinge, die wir wahrnehmen oder denken, erhellt. Das Licht kann diese auch wahrnehmen und verstehen. Es ist, als ob wir einen Spiegel in uns hätten, der die Welt reflektiert. Wir können diese Bewusstheit in uns spüren und machen dabei eine Erfahrung davon, was den Geist ausmacht.

Diese Kraft, die man Geist nennt, ist sogar der bestimmende Einfluss in unserem Leben. So ist es etwa möglich, wie viele vorbildliche Persönlichkeiten der Geschichte zeigen, dass ein Mensch mit großer Geisteskraft glücklich ist, obwohl ihn gerade eine Krankheit schwächt, er in einfachen Verhältnissen lebt oder durch ein Unglück aus sicheren Lebensbahnen geworfen wurde.

Nicht jede Belastung körperlicher Art muss zwangsläufig zu einer Stressreaktion des Geistes führen. Dagegen ist es nicht denkbar, dass jemand, dessen Gedanken ihn unglücklich machen, weil er vielleicht
keinen Sinn in seinem Leben erkennen kann oder er
über einen Verlust trauert, glücklich ist, nur weil er in
guten materiellen Umständen lebt. Der Geist ist offenbar der dominante Faktor in unserem Leben und kann
auch materielle Umstände relativieren.

MERKMALE GEISTIGER AKTIVITÄT

Wir alle erleben Glück und Leid; das unterscheidet
uns Lebewesen von den Dingen. Einige Erfahrungen
empfinden wir als angenehm und andere als unangenehm, und wir streben jederzeit danach, Glück zu
erfahren und Leid zu vermeiden. Wenn wir einem
lieben Menschen begegnen oder ein gutes Mahl zu
uns nehmen, erfahren wir Glück. Kommen wir dagegen mit unangenehmen Menschen zusammen oder
sind hungrig, erfahren wir Leid. Auch Tiere erleben
Glück und Leiden wie wir Menschen. Jeder Mensch,
der schon einmal länger mit einem Tier zusammen-
lebte, wird das bestätigen können.

Ein weiteres Merkmal geistiger Aktivität ist die Un-
terscheidungsfähigkeit. Wir können dadurch die Welt

in Kategorien interpretieren. Ohne diese Fähigkeit wäre alles ein einziges Chaos, das keinen Sinn ergeben würde.

Außerdem erfahren wir die Welt überhaupt erst mit unseren Sinnen und erfahren sie dadurch.

Genau genommen müssen wir eigentlich über sechs Arten von Geist sprechen. Wir kommen nämlich über die sechs Sinne des Sehens, Hörens, Riechens, Schmeckens, Tastens und über das sogenannte geistige Bewusstsein – mit dem wir etwa denken und auch meditieren – mit der Welt in Berührung. Wir empfinden dabei Glück und Leid und unterscheiden sie voneinander.

Nehmen wir uns die Zeit und schauen in einem ungestörten Moment nach innen, werden wir feststellen können, wie in jedem Augenblick die Sinne angeregt werden und wir diese Erfahrungen machen oder über bereits Erlebtes reflektieren.

Zunächst fällt es Ihnen vielleicht schwer, die Aufmerksamkeit auf sich zu richten anstatt auf das, was Sie erleben. So geht es einem ja mit jedem Wissensgebiet, in dem man noch nicht so viel Erfahrungen hat, etwa wenn man sich mit Musik beschäftigen möchte oder eine neue Sportart kennenlernt. Mit der Zeit wird man aber immer mehr Nuancen bewusst unterscheiden lernen, und sie werden einem vertraut werden wie andere Tätigkeiten, die man bereits beherrscht.

DER STETIGE WANDEL

Bemühen wir uns also regelmäßig, den Geist selbst zu fokussieren, werden wir als ein wesentliches Merkmal sicherlich die ständige Veränderung in unserem Bewusstsein wahrnehmen. Der Geist ist immer aktiv. Würde diese Aktivität jemals zu einem Ende kommen, wäre das eine Art endgültiger Tod. Tatsächlich setzt sich diese Handlung des Geistes, die man im Sanskrit Karma nennt, aber während des ganzen Lebens und nach Ansicht religiöser Menschen sogar über den Tod hinaus fort. »To be is to act« könnte man sagen. Und die eigentlich zugrunde liegende Aktivität ist die ständige Wandlung unseres Geistes. Der Ton, den man gerade noch hörte, ist bereits wieder verklungen und hat neuen hörbaren Objekten Platz gemacht, die wir wahrnehmen. Spürten wir gerade noch ein Jucken am Rücken, steht jetzt ein Druckgefühl am Knie im Fokus unserer sinnlichen Wahrnehmung. Vor allem aber scheinen sich unsere Gedanken zu jagen. Hatten wir eben noch über das eine Problem reflektiert, beherrscht jetzt eine Erinnerung aus dem letzten Jahr unser Denken. Dabei überschlagen sich die inneren Bilder und die damit verbundenen gefühlsmäßigen

Assoziationen. In keinem auch noch so kurzen Augenblick bleiben unsere Gedanken dieselben wie im Moment vorher, sondern sie wandern bereits wieder zu etwas Neuem. Diese unbeständige, wandelbare Natur kann man am besten mit einem Flusslauf vergleichen. Er bleibt niemals stehen und wird doch über weite Strecken mit dem gleichen Namen benannt. Tatsächlich bleibt aber weder im Geist noch in einem Flusslauf irgendetwas jemals so, wie es im Moment vorher war. Es kann eine sehr erschütternde Erfahrung über die Realität unseres Lebens sein, wenn wir es so unmittelbar erfahren, wie sich alles um uns herum ändert und auch in unserem Inneren niemals etwas gleich bleibt. Wir neigen dazu, daran festzuhalten, dass die Dinge um uns herum eine konstante und gleichbleibende Natur haben, damit wir uns besser orientieren können. Entsprechend sind wir recht verstört, wenn wir einem Menschen wiederbegegnen, der sehr gealtert ist oder ein Gegenstand wie etwa ein Haus nicht mehr existiert. Wir reagieren darauf oft mit Abwehr und erleben dabei Unwohlsein und Leiden. So entsteht aus einer nicht angemessenen Sichtweise auf die Realität, bei der Konfrontation damit, wie die Dinge nun mal sind, sehr viel Konflikt. Wer so mit starren Vorstellungen durch das Leben geht, Veränderungen nicht akzeptiert und ständig herumnörgelt, wird niemals glücklich sein.

Wir neigen dazu zu glauben, die Auffassungen und der Charakter anderer Menschen wären festgelegt und würden sich gar nicht wandeln. Wir können uns nur schwer darauf einstellen, dass der Einzelne und die Gesellschaft sich ständig verändern, wie es gerade in der heutigen sehr bewegten Zeit geschieht. Auch über uns selbst haben wir oftmals ein festes Bild. So fällen viele Menschen ein endgültiges Urteil über sich. Sie machen sich zum Beispiel Gedanken über ihren Charakter und kommen zu dem Schluss, dass sie minderwertig oder schlechte Menschen seien. Andere dagegen urteilen über sich, dass sie ihren Mitmenschen weit überlegen seien und nur gute Eigenschaften hätten. Der Erstere wird vielleicht zu Depressionen neigen, während sich bei dem Zweiten eine narzisstische Neigung ausprägt. Bei näherer Betrachtung der wirklichen, sich dauernd wandelnden Ereignisse im Geist der jeweiligen Menschen könnten sie selbst erkennen, dass es für das jeweilige einseitige Urteil keine realistische Begründung gibt. Fakt ist, dass sich schon in einem kurzen Zeitabschnitt bei fast allen Menschen eine Mischung aus wünschenswerten und problematischen geistigen Eigenschaften zeigen wird, die kein so endgültiges Urteil unterstützt. Ein Selbstbild ist aber oft sehr prägend für unser Leben und hat die Tendenz, selbsterfüllend zu sein. Deshalb ist es so wichtig, sich selbst kennenzulernen, mit sich in Kontakt zu sein und aus eigener Erfahrung seine Stärken und Schwächen wahrzunehmen, anstatt nur ein begriffliches Urteil über sich zu fällen. Das wird immer sehr undifferenziert sein und stellt oftmals eine reine Projektion dar. Entsprechend fallen auch unsere Urteile über andere Menschen und sogar ganze Gruppen zumeist sehr einseitig aus, was zu übertriebenen Reaktionen wie Abneigung und Anhaftung führen kann. Letztere bedeutet, dass man krampfhaft und mit Begierde an etwas festhält. Häufig sind Anhaftungen die Ursachen von Konflikten in der Familie, im Berufsleben und in der Weltpolitik und können sich sogar gewaltsam äußern. Da ist es oft vorteilhafter, kein vorschnelles Urteil über andere, deren Innenleben wir ja im Gegensatz zu unserem eigenen auch noch nicht einmal wahrnehmen können, zu fällen. Wir können allerdings davon ausgehen, dass auch die Gedanken und der Charakter anderer Menschen sich ständig verändern und sehr ambivalent sind. Auch wenn es uns zunächst unbequem erscheint, anzuerkennen, wie veränderlich wir selbst und andere sind, so kann gerade diese Einsicht sehr befreiend wirken. Es ist ja nicht nur so, dass wir durch die Vergänglichkeit, die in jedem kleinsten Moment stattfindet, etwas verlieren, an dem wir hängen, sondern gerade dieser veränderliche Charakter der Welt macht den Wandel und die Entwicklung möglich. Es wäre ja gar nicht denkbar oder gar wünschenswert, in einer Welt zu leben, in der alles immer gleich bleibt. Eine Weiterentwicklung unserer Persönlichkeit und der Menschheit als Ganzes ist nur unter der Prämisse der Wandelbarkeit möglich. Insofern können wir diese Tatsache – dass unser Geist einem ständigen Wandel unterworfen ist –, der wir zunächst etwas ängstlich ausweichen, sogar begrüßen und als Chance begreifen.

Im Grunde ist unser Geist zu höchsten menschlichen Eigenschaften entwickelbar. Gleichzeitig ist es aber auch möglich, dass die Qualitäten unseres Geistes, die wir bereits entwickelten, degenerieren und wieder zurückgehen, angelegte Potenziale zum Beispiel bei Jugendlichen nicht entfaltet werden und sehr schlechten Eigenschaften Raum geben.

DIE NEUROWISSENSCHAFT BELEGT

Erkenntnisse der Neurowissenschaften belegen diese psychologische Einschätzung des Buddhismus – die Erforschung der Neuroplastizität ist noch ein relativ junger Wissenschaftszweig. Danach hinterlässt jede Wahrnehmung, jeder Gedanke und jede Empfindung, positive wie negative, eine Spur in unserem Gehirn und ruft bestimmte Merkmale hervor. Je nachdem, welche geistige Regung regelmäßig im Geist aktiv ist, wird sich diese automatisch steigern, und andere geistige Einstellungen, die nicht mehr so oft vorkommen, werden abnehmen und schließlich nicht mehr da sein. Diese Erkenntnis über das Wesen des Gehirns führte dazu, dass die Wissenschaftler das Gehirn nicht mehr mit einem Baum und seinen Ästen vergleichen, sondern eher das Beispiel des Straßennetzes in einem Land wählen. Es ist nicht so, dass etwa in jungen Jahren unser Charakter vollkommen festgelegt wird, wie der Stamm eines Baumes, der sich nicht mehr sehr verändern wird. Es ist eher so, wie nach dem Spruch, der unter Neurowissenschaftlern verbreitet ist: »use it or lose it«. Es verhält sich eher so wie die Neurowissenschaftler zu sagen pflegen: Wenn in einer Region nur wenig Verkehr ist, werden dort bald nur noch wenige Straßen sein. An Orten starken Verkehrsaufkommens wird man dagegen immer neue Verbindungen herstellen. Wissenschaftler sprechen davon, dass neue Neuronenverschaltungen immer dort stattfinden, wo viel Aktivität ist. Buddhisten würden sagen, dass geistige Aktivität Anlagen ähnlich denen von Samenkörnern im Geist hinterlässt. Je nachdem, ob es sich um Aktivitäten handelt, die heilsam, das heißt realistisch und konstruktiv oder unheilsam, das heißt unrealistisch und destruktiv sind, interpretiert man die Welt in einer Weise, die zu Glück oder Leiden führt. Diese Auffassung bildet die Grundlage für die in Asien weitverbreitete Überzeugung von dem Gesetz von Handlungen und ihren Wirkungen, das auf Sanskrit Karma genannt wird. Das bedeutet: Wir können unsere Fähigkeit zum Glück trainieren! Dazu müssen wir uns mit den inneren Ursachen für unser Glück beschäftigen und unsere positiven Gedanken steigern.

IST DER MENSCH GUT?

Ist der Mensch nun moralisch gut oder schlecht? Angesichts der aufgeführten Fakten kann man zu der Überzeugung gelangen, dass man diese Frage, wie so viele andere, nicht eindeutig beantworten kann. Man könnte vielleicht sagen, der Geist des Menschen ist zunächst neutral, und es kommt darauf an, wie er dessen Potenziale nutzt. Auch für Sie selbst ist es wichtiger, sich zu fragen, wie Sie sich entwickeln möchten, als wer Sie eigentlich sind. Wir scheinen als Menschen vor allem ein offenes System zu sein und können uns in alle Richtungen entfalten. Wenn ein Mensch dagegen den Mutterleib verlässt, ist er erstaunlich wenig festgelegt und sehr offen für alle neuen Umwelteindrücke und die entsprechende Beeinflussung durch andere Menschen. Das gibt uns die Flexibilität, als Menschen sowohl in der Antarktis als auch in New York City existieren zu können. Je nachdem, welche

Eindrücke ein Mensch also in frühen Jahren aufnimmt, wie er erzogen wird und wie er später mit sich selbst umgeht, wenn er in der Lage ist, einen selbst gewählten Lebensweg einzuschlagen, entwickelt sich der Mensch höchst unterschiedlich.

Auch wenn wir in die Geschichte der Menschheit schauen, sehen wir einerseits fast göttlich zu nennende Leistungen der Kreativität des Menschen, etwa in den Bereichen der Kunst, der Philosophie und der Religion. Gleichzeitig haben Menschen aber auch immer wieder barbarisch gehandelt und Gewalt und Leid über die Welt gebracht.

Grundsätzlich können wir jedoch auch nach den neuesten Forschungen zur Entwicklungspsychologie von Kindern davon ausgehen, dass der Mensch über außerordentliche empathische Fähigkeiten verfügt. So helfen sich etwa schon zweijährige Kinder gegenseitig und schätzen es, wenn andere hilfreich agieren. Das ist nicht so verwunderlich, da der Mensch ein durch und durch soziales Wesen ist, das über viele Tausende Jahre hinweg in Gruppen gelebt hat und vollkommen von der Kooperation mit anderen abhängig ist. Dabei hat sich der menschliche Charakter als potenziell mitfühlend ausgeprägt, und es entwickelte sich in der Interaktion mit anderen eine hohe Intelligenz. Wir neigen als Menschen definitiv zum Guten, und in dem Sinne spricht man ja auch von »Menschlichkeit«. Ein Hinweis darauf ist auch, dass kleine Kinder eher zart und sanft aussehen und nicht furchterregend wie manche Tiere.

Wir sehen aber, dass die Gewalt zwischen den Menschen immer noch nicht überwunden ist. Die Begründung dafür liefern Anthropologen: Wir bewegten uns als Gattung in der Vergangenheit in Kleingruppen, die zwar untereinander von Solidarität geprägt, aber gegenüber Fremdgruppen auch zur Aggression in der Lage waren. Dadurch fällt es uns in einer nunmehr globalisierten Gesellschaft immer noch schwer, fremde Gruppen genauso zu respektieren wie unsere eigene. Diese Tatsache kann nur mithilfe der Kultur, zum Beispiel auch durch die Anwendung spiritueller Mittel, ausgeglichen werden. Solche Kulturpraktiken können dann als Grundlage eines gewaltlosen Umgangs in der gesamten Menschheit dienen. Angeboren ist dieses freundliche Verhalten gegenüber Fremden nicht zwangsläufig.

Entscheidend für den spirituellen Weg ist, ob der einzelne Mensch wirklich in der Lage ist, geistige Verwirrungen wie Hass, Gier und Verblendung, die wir im ersten Kapitel als Ursache allen Leidens ausgemacht haben, zu überwinden, oder ob sie ihm angeboren und unvermeidlich sind. Der Buddha sagte dazu sinngemäß, dass das eigentliche Wesen des Geistes wie klares Licht sei. Offenbar sprach er dabei aus eigener Erfahrung. Er hatte einen Zustand erreicht, in dem er feststellte, dass diese Verwirrungen mit dem tieferen Wesen des Geistes nicht verbunden sind und der Geist davon vollkommen befreit werden kann.

Für diese vermittelnden Aussagen zur Inspiration, seinen eigenen Geist zu schulen, werden in den Schriften auch eindrucksvolle Metaphern benutzt. So wird zum Beispiel darauf hingewiesen, dass, obwohl man Wasser meist in einem verschmutzten Zustand antrifft, das eigentliche Wesen des Wassers vollkommen rein und transparent ist. Deshalb lohnt es sich ja auch, keine neuen Verunreinigungen in die Gewässer zu geben und stattdessen Kläranlagen anzuwenden. Würde der Schmutz zum Wesen des Wassers gehören, könnte man ihn nicht vom Wasser trennen, ohne dabei auch das Wasser zu zerstören. Entsprechend geht einem nicht der Geist verloren, wenn er von den Verwirrungen getrennt wird, sondern er zeigt sich dann in seiner eigentlichen Natur, als vollkommen rein. In einem weiteren Bild verglichen die Autoren der großen buddhistischen Schriften zur Psychologie, wie etwa der große Wegbereiter der indischen Logik Dharmakirti, den Geist mit dem Himmel und die Verwirrungen mit Wolken, die durch den Himmel ziehen. Oftmals erscheint es einem gerade im Winter in Nordeuropa so, als ob der Himmel nur aus Wolken bestehen würde. Wenn dann aber im Frühjahr die Sonne durchbricht und sich die Bewölkung auflöst, wird es uns wieder deutlich: Der Himmel hat in seiner eigentlichen Natur mit den Wolken nichts zu tun und ist dagegen vollkommen offen, transparent und lichtdurchflutet. In gleicher Weise geht das lichthafte Wesen des Geistes niemals verloren, auch wenn es zeitweilig von noch so viel Verwirrung überdeckt wird. Im Buddhismus spricht man in diesem Zusammenhang auch von der »Buddha-Natur«, dem jedem Lebewesen jederzeit innewohnenden Potenzial zur vollkommenen Erleuchtung, das völlig unzerstörbar ist.

Es ist sehr inspirierend, über diese Metaphern zu reflektieren, um Mut für die Arbeit am eigenen Geist zu gewinnen. Wir müssen, wenn wir der Botschaft dieser Bilder folgen, nicht davon ausgehen, dass der menschliche Geist an sich negativ ist und niemals von seinen Verwirrungen befreit werden kann. Im Gegenteil scheint uns allen etwas Strahlendes und Reines innezuwohnen, das wir nur freilegen müssen. Das können wir mit positiven Gedanken und dem richtigen Verhalten bewirken. Die moderne Gehirnforschung stimmt dieser Auffassung des Buddhismus zu.

DIE KRAFT DER GEWOHNHEIT

Sind wir entschlossen, den oben genannten Weg zu gehen, werden wir oftmals durch die Kraft der Gewöhnung eine zunächst kaum zu bewältigende Aufgabe fast mühelos ausführen können. Wenn wir uns zum Beispiel erinnern, wie schwer es uns in den ersten Fahrstunden fiel, ein Auto zu lenken, dabei noch die Gänge einzulegen sowie die Pedale korrekt zu verwenden, wird uns diese Tatsache deutlich. Ein erfahrener Autofahrer kann schließlich durch die Gewöhnung anstrengungslos das Fahrzeug sicher durch den Verkehr führen, und sich dabei sogar noch unterhalten oder Radio hören.

Insbesondere haben Aktivitäten, die im Einklang mit der Realität sind, eine größere Kraft als Bemühungen, die auf falschen Prämissen beruhen. Wir können sagen, dass die Kraft der Wahrheit letztlich die Täuschung überwinden kann. Das ist sogar im politischen Bereich festzustellen. Letzten Endes sind und werden alle Diktaturen, die nicht im Einklang mit dem Bedürfnis der Menschen nach Freiheit und Selbstbestimmung handeln, früher oder später scheitern.

Wenn wir über längere Zeit hinweg auf der Grundlage einer richtigen Erkenntnis der Situation handeln, werden sich große positive Veränderungen nicht nur im äußeren gesellschaftlichen Leben ergeben, sondern diese Tatsache gilt auch für uns selbst.

Tatsächlich steht uns der Geist als ein fortwährendes Objekt der Übung über unser ganzes Leben hinweg stabil zur Verfügung. Religiöse Menschen gehen sogar davon aus, dass die geistige Erfahrung sich auch nach dem physischen Tod weiter fortsetzt. Indische Religionen sprechen in diesem Zusammenhang von einer feinstofflichen Energie (*prana*), die als Träger den Geist auch über den Tod hinaus begleitet, der sich dann mit einem neuen Körper verbindet. Diese Energie wird dabei oft mit einem Pferd verglichen und der Geist mit dem Reiter. Das Pferd kann sich bewegen, und der Reiter kann sehen; die Energie ist beweglich, und der Geist kann erkennen. Nach dieser Vorstellung befindet sich somit der Geist, vermittelt durch diese Energie, im gesamten Körper und nicht nur im Kopf. Deshalb werden im Yoga-System, aber auch im Qigong körperliche Stellungen eingenommen, die den Fluss der Energie verbessern und damit auch die geistige Tätigkeit beeinflussen. Diese auch als »Windenergie« bezeichnete Kraft und der Geist bilden eine Einheit, sind aber nicht vom gleichen Wesen. Nach dieser Vorstellung ist der Geist, ohne materiell zu sein und etwa Farbe und Gestalt zu besitzen, immer mit einem physischen Aspekt verbunden, der allerdings eine sehr subtile Form annehmen kann und nicht zwangsläufig etwa ein Gehirn benötigt, das ja im Todesprozess verfällt. Somit wird die Arbeitsgrundlage für die spirituelle Entwicklung in eine unendliche zeitliche Dimension gerückt. Man kann sich leichter vorstellen, dass ein zunächst gewöhnliches Lebewesen sich über viele Leben hinweg zu einem heiligen oder gar göttlichen Individuum entfalten kann. Der Geist ist in der Hinsicht nicht wie Wasser, das einfach bei einer gewissen Temperatur verdampft.

Aber selbst wenn man kein Vertrauen in solche religiösen und sehr weitgehenden Vorstellungen hat, kann man sich deutlich machen, dass zumindest in diesem Leben ununterbrochen die Möglichkeit besteht, mit seinem Geist zu arbeiten. Mit Erstaunen betrachten wir, welche Fähigkeiten Menschen in ihrem Leben entwickelten, indem sie beharrlich ihr Ziel verfolgen, etwa im Bereich der Naturwissenschaft, Kunst oder Spiritualität. So hat Thomas Edison sein Ziel, eine Glühbirne zu erfinden, trotz vieler Rückschläge nie aufgegeben. 2000 Versuche waren gescheitert, aber jeden Fehlversuch interpretierte er als einen Schritt vorwärts. Mit Beharrlichkeit und positiver Einstellung brachte er 1879 einen Glühfaden zum Leuchten.

Im Gegenteil: Hat man geistige Qualitäten entfaltet, sind diese mühelos abrufbar, während im physischen Bereich zum Beispiel ein Weitspringer trotz vieler Trainingseinheiten doch weiterhin Anlauf nehmen muss, um seine Leistung zu vollbringen. Stehen also geeignete Gegenmittel gegen die Verwirrungen des Geistes durch eine spirituelle Lehre zur Verfügung, kann man sich sicher sein, dass sie sich bei regelmäßiger Anwendung durchsetzen werden. So überwindet etwa die Liebe den Hass, Genügsamkeit die Gier und Weisheit die Unwissenheit. Gegen jedes Gift ist sozusagen ein Kraut gewachsen. Deshalb wird auch die Lehre des Dharma mit Medizin verglichen, die alle Krankheiten des Geistes heilen kann.

Man kann sich auch noch fragen, was die sogenannte »letztliche Natur« des Geistes ist. Dabei wird in der buddhistischen Philosophie darauf hingewiesen, dass der Geist nur in Beziehung zu einem Körper und zu den anderen Phänomenen der Welt existieren kann. Er hat danach keinerlei Eigenwesen, was als »Leerheit« bezeichnet wird. Die Erkenntnis der Leerheit beinhaltet, dass alle Dinge in der Welt nur in Beziehung existieren können und nicht davon losgelöst. Nur wenn die Dinge sich gegenseitig beeinflussen, kann Dynamik aufkommen. Diese universelle Einsicht der letztlichen Natur des Geistes und aller Phänomene gilt als das Heilmittel gegen alle Verwirrungen des Geistes und damit gegen alle Leiden.

MEDITATION – WIE GEHT DAS?

DIE PFLEGE DES GEISTES

Wir wissen bereits, dass unser Wohlergehen wesentlich vom Zustand unseres Geistes abhängig ist. Die Meditation nun ist der Königsweg zur Schulung des Geistes. Der indische Ausdruck dafür lautet »Bhavana« und bedeutet so viel wie »pflegen«, »sich mit etwas vertraut machen«, »kultivieren« und »entwickeln«. Es geht also darum, den Geist an positive Eigenschaften zu gewöhnen.

Diese Vorgehensweise ist durchaus vergleichbar mit dem Training und der Pflege des Körpers. Ohne die morgendliche Körperpflege wäre es uns sicher unangenehm, unter die Leute zu gehen. Wenn wir aber am Morgen nicht den Geist pflegen und positiv einstimmen, sind die Folgen noch umfassender, da unser Verhalten stark davon geprägt sein wird. Man könnte von einer geistigen Hygiene sprechen, denn auch unser Inneres muss immer wieder von Verunreinigungen befreit werden. Da man aber unseren Geisteszustand nicht sehen kann, neigen wir dazu, diese Tatsache zu unterschätzen. Überhaupt wird die Arbeit an unserem Inneren in der westlichen Gesellschaft meist nicht so wichtig genommen. Verglichen damit, wie viel Zeit wir mit unserer Arbeitstätigkeit, mit Vergnügungen, Einkaufen, sozialen Netzwerken und Sport verbringen, ist der Aufwand wohl kaum messbar, den wir für die innere Sammlung aufwenden. Das ist sehr bedauerlich, denn darin liegt der Schlüssel zu unserem Glück. Auch nur wenige Minuten Meditation am Tag können unserem Leben eine ganz neue Wendung zum Positiven geben. Wir wissen: Wollen wir über einen kraftvollen und ausdauernden Körper verfügen, müssen wir ihn regelmäßig mit entsprechenden Übungen trainieren, vielleicht sogar in einem Fitnessstudio. Die Notwendigkeit, auch den Geist zu schulen, um uns friedvoll und ausgeglichen zu fühlen, ist uns aber nicht so bewusst. Tatsächlich wird die sinnvoll ausgeübte Meditation aber genau diese Folgen haben, und wir werden mit einer Art psychischem Immunsystem ausgestattet, das es uns ermöglicht, die Schwierigkeiten des Alltags gut zu verkraften. Neurowissenschaftler haben die Tatsache vielfach belegt, dass jeder Gedanke, jede Wahrnehmung und jede Empfindung unser Gehirn und damit auch den Geist prägen und umgestalten, so wie die Bewegung und Belastung des Körpers die Muskeln anwachsen lässt. Wir werden in der Lage sein, unseren eigenen Geist zu kontrollieren und für jede gewünschte Tätigkeit zu unserem Wohl einzusetzen. Vernachlässigen wir aber diese Schulung, werden nicht wir unseren Geist beherrschen, sondern er wird uns mit seinem ständigen inneren Geplapper bestimmen. Die Pflege des Geistes lässt unsere Persönlichkeit wachsen wie eine Pflanze, die wir regelmäßig begießen und hegen. Im Übrigen wirkt sich eine regelmäßige Meditationspraxis auch nachweislich positiv nicht nur auf die psychische, sondern auch auf die körperliche Gesundheit aus. Untersuchungen zeigen zum Beispiel, dass der Blutdruck gesenkt wird und damit Herzkrankheiten vorgebeugt werden kann. Auch das Immunsystem wird gestärkt und Hauterkrankungen können sich bessern oder treten nicht mehr so häufig auf. In Bezug auf die Psyche verringern sich Stress, Ängste und Depressionen. Im Gegensatz zu Psychopharmaka, die nur die Symptome behandeln, wirkt Meditation tatsächlich ganzheitlich heilend, und zwar ohne abhängig zu machen. Meditative Eindrücke kann man auch mit einer gesunden Speise vergleichen. Sie sind in jeder Hinsicht »nährend«.

Diese Fürsorge und gute Umgangsweise mit sich selbst ist bei der modernen Lebensweise auch äußerst notwendig, um gesund und zuversichtlich durchs Leben gehen zu können. Die Verdichtung der Ansprüche in der Arbeitswelt und die rapide Beschleunigung und Veränderung in allen Lebensbereichen führen gerade in den entwickelten Gesellschaften zu einem starken Anstieg von Erschöpfungszuständen und Angstsymptomen. Wenn wir dann auch noch in der Freizeit ständig neue Eindrücke etwa über unser Smartphone aufnehmen, kann es schnell zu viel werden, das alles zu verarbeiten. Kommen dazu noch die Sorge um den Arbeitsplatz oder Trennungserfahrungen in unseren persönlichen Beziehungen, ist es sehr wichtig, dass wir dem Strom von sorgenvollen und unruhigen Gedanken etwas entgegensetzen. Das ist wesentlich sinnvoller, als vor der Auseinandersetzung mit diesen Erfahrungen etwa in Suchtmittel zu fliehen oder nur noch wie ein Automat auf die Eindrücke von außen zu reagieren. Meditation wirkt in einer solchen Umwelt wie ein gutes Medikament ohne Nebenwirkungen, das uns Kraft und Zuversicht gibt.

Um zu meditieren, muss man nicht zwangsläufig religiös oder gar zu einem Buddhisten werden. In gewisser Hinsicht ist die Meditation eine ganz natürliche Tätigkeit des Menschen, die man sehr gut im Alltag verankern kann, und nicht irgendetwas Exotisches oder gar Magisches. Es ist eine Ressource, die uns jederzeit zur Verfügung steht und die uns noch nicht einmal Geld kostet. Wir müssen nur von geeigneten Lehrern vermittelt bekommen, wie man es macht. Dann wird aus dem, was zunächst recht ungewohnt ist, etwas ganz Selbstverständliches.

Es gibt viele Formen der Meditation. Es geht dabei keineswegs nur darum, nicht mehr zu denken, wie viele Menschen glauben. Es ist zwar notwendig, zunächst das überflüssige Grübeln zu reduzieren, indem man etwa Achtsamkeitsübungen wie die Atemmeditation einübt. Ist der Geist aber erst einmal zur Ruhe gekommen, ist es möglich, ihn einerseits noch stärker zu konzentrieren und andererseits an den eigenen Emotionen zu arbeiten und zu neuen Erkenntnissen zu kommen. Traditionell unterscheidet man deshalb im Buddhismus die konzentrative und die analytische bzw. kontemplative Meditation. Gibt es nun Unterschiede zwischen Meditierenden und Menschen, die dies nicht tun? Der Neurowissenschaftler Manfred Spitzer konnte diese Frage beantworten, weil Meditierende und Nichtmeditierende im Computertomografen bezüglich dieser Fragestellung untersucht wurden: Meditierende sind aufmerksamer und verfügen über eine bessere »Emotionsregulierung«. Diese Ergebnisse entsprechen der Praxis dieser beiden Arten von Meditation.

ETHIK ALS GRUNDLAGE

Um erfolgreich meditieren zu können, muss man ethisch leben. Indem man sich in seinem Verhalten an gewisse Grenzen hält und anderen Lebewesen keinen

Schaden zufügt, wird das Leben ruhiger und friedvoller. Es entsteht eine innere Freude daran, ein gutes Gewissen zu haben und harmonisch mit seiner Umwelt zusammenzuleben. Um diese Ethik einzuhalten, ist es notwendig, auf sein Verhalten zu achten. Damit wird man introspektiver und bereitet sich so bereits auf die Arbeit am eigenen Innenleben in der Meditation vor. Setzt man sich dann zu einer Meditation hin, ist es nicht mehr schwer, die überflüssigen Gedanken zu beruhigen und darauf aufbauend tiefe Konzentration einzuüben. Wenn man konzentriert ist, kann man zu tiefen, nicht verzerrten Einsichten kommen. Die gelernten Inhalte können vom Kopf ins Herz gelangen und bleiben nicht nur bloße Theorie. So bauen die »Drei Höheren Schulungen« von Ethik, Konzentration und Weisheit, in die man den gesamten Buddhismus zusammenfassen kann, aufeinander auf. Neben dem großen Glück, ein ethisches Leben zu führen, resultiert auch aus der Konzentration und der Weisheit jeweils ein tiefes inneres Wohlergehen, das nicht von äußeren Stimuli sinnlicher Art abhängig ist.

Die Grundlage für dieses tiefe Glück liegt in der Ethik. Es ist nicht möglich, auf dem Meditationskissen Fortschritte zu machen, wenn man sich im täglichen Leben rücksichtslos verhält. Unser Leben wäre dann viel zu sehr von Unruhe, einem schlechten Gewissen und Konflikten mit anderen dominiert, um inneren

Frieden zu finden. Aus buddhistischer Sicht entstehen unser Glück und Leiden nicht durch die Willkür eines Gottes, aber auch nicht zufällig. Sie haben ihre Ursache in unseren eigenen Handlungen. Die Außenwelt löst unsere Erfahrungen nur aus, doch die Konditionierung durch unser Verhalten ist der bestimmende Faktor. In diesem Sinne kann jeder, wie ein berühmtes buddhistisches Zitat sagt, zu seinem eigenen Beschützer oder Peiniger werden.

Der Buddha lehrte in diesem Zusammenhang vor allem die grundlegende Orientierung der Vermeidung der *Zehn Unheilsamen Handlungen*. Er unterscheidet dabei drei Handlungen des Körpers, vier der Rede und drei des Geistes. Kurz zusammengefasst beinhalten sie

- die Handlungen des Körpers: Töten, Stehlen, sexuelles Fehlverhalten,
- die Handlungen der Rede: Lügen, grobe Rede, Zwietracht säen, sinnloses Reden,
- die Handlungen des Geistes: Übelwollen, die Habsucht und die falsche Ansicht.

Diese grundlegende moralische Orientierung ist seit jeher die Basis jedes harmonischen Miteinanders in der Gesellschaft. Gerade auch heute ist sie von größter aktueller Bedeutung für die Entwicklung einer globalen Gemeinschaft in Bezug auf ein friedliches Miteinander, auf Gerechtigkeit in einer gesunden Ökonomie und die Erhaltung der ökologischen Lebensgrundlagen der Menschheit. Sie beruht auf dem in allen Weisheitstraditionen vorhandenen ethischen Grundsatz: »Was du nicht willst, das man dir tu, das füge auch keinem anderen zu«, und ist auch in der allgemeinen Erklärung der universellen Menschenrechte und in der Verfassung unseres Staates verankert. In diesem Satz drückt sich aus, dass wir als Menschen alle gleichermaßen Bedürfnisse haben und es nicht in Ordnung ist, über die Bedürfnisse anderer hinwegzusehen. Das grundlegendste Recht aller Menschen ist die körperliche Unversehrtheit. Deshalb ist es nicht erlaubt, andere zu töten oder sie zu verletzen.

Neben dem Erhalt des bloßen Lebens bedarf jeder Mensch auch eines gewissen Besitzes, und aus diesem Grund sollte man es ihm nicht widerrechtlich nehmen. Sind das Leben und die nötigen Umstände gesichert, möchten die meisten Menschen in einer stabilen Partnerschaft leben, die ihnen Halt gibt. Würde man mit jemandem sexuelle Beziehungen eingehen, der bereits gebunden ist, würde das, wie wir alle wissen, sehr viel Leid auslösen, insbesondere wenn auch Kinder in der Familie leben. Der Ratschlag, nicht zu lügen, beruht auf der Tatsache, dass Menschen, um ihre legitimen Ziele zu erreichen, über korrekte Informationen verfügen möchten. Würde man in jemandem falsche Vorstellungen erwecken, indem man die Wahrheit aus selbstsüchtigen Motiven verdreht, nimmt man ihm die Möglichkeit, seine Bedürfnisse in dieser Hinsicht zu erreichen. Wenn man sich vornimmt, in Zukunft das Töten, Stehlen, sexuelles Fehlverhalten und Lügen zu unterlassen, ist das eine stabile ethische Grundlage, die das Leben wesentlich angenehmer macht. Diese ethische Basis ist die Voraussetzung für Meditation und fördert den gesellschaftlichen Zusammenhalt. Zusätzlich wäre es wichtig, auf Drogen und Alkohol weitgehend zu verzichten, da sie das Bewusstsein trüben.

WIRKUNGSKRAFT DER HANDLUNGEN

Der Buddha erläuterte präzise, dass jede Handlung vier Aspekte hat, die ihre Wirkungskraft ausmachen. Wenn zum Beispiel beim Töten sowohl eine starke Motivation, ein geeignetes Objekt, eine vollständige Durchführung und ein Abschluss der Handlung vorliegen, ist die Handlung vollständig und wird nach dem Gesetz von Handlungen und ihren Wirkungen (Karma) intensive negative Folgen nach sich ziehen. Die Motivation würde bedeuten, dass man nicht unabsichtlich jemanden zu Tode bringt, etwa durch einen Unfall, sondern die bewusste Absicht dazu hat. Das Objekt der Handlung wäre in diesem Fall ein Mensch oder ein anderes Lebewesen. Würde man irrtümlich eine Puppe mit einem Menschen verwechseln und sie mit Waffen bearbeiten, wäre das Objekt nicht vorhanden. Auch ein Tier hat den Wunsch zu leben. Nimmt man ihm das Leben, ist das auch ein Akt des Tötens, was erfreulicherweise immer mehr Menschen derzeit bewusst wird. Wenn man nur plant, jemanden zu verletzen, aber es nicht zu der konkreten körperlichen Tat kommt, wäre die Durchführung abwesend. Quält man etwa Tiere schon während ihres Aufwachsens und im Akt der Tötung, hinterlässt dieses Vorgehen ein besonders intensives negatives Potenzial in dieser Hinsicht. Beabsichtigt man die Handlung und verletzt tatsächlich mit seiner konkreten Tat ein Lebewesen, aber es stirbt nicht, wäre der Abschluss der Handlung nicht gegeben. Je nachdem, wie viele der Faktoren vollständig sind, ergibt sich, wie schwerwiegend die Handlung ist. Diese Einschätzung des Buddha stimmt im Wesentlichen mit den Untersuchungen eines Richters überein, der einzuschätzen hat, wie gravierend ein Verhalten eines Täters zu bewerten ist. Alle anderen der *Zehn Unheilsamen Taten* haben ebenso diese vier Aspekte, und man kann sie sicher leicht selbst übertragen.

Karma ist nicht, wie vielleicht viele glauben, eine Art Schicksalsmacht, sondern das indische Wort meint einfach »Handlung«. Das bedeutet: Wann immer wir mit dem Körper, der Rede und dem Geist handeln, findet eine Konditionierung statt. Dadurch hinterlassen wir positive oder negative Anlagen in uns. Unethische Handlungen entstehen aus einer verzerrten Sicht auf die Wirklichkeit. Sie werden über die Gewohnheit an dieses Verhalten auf den Handelnden selbst zurückwirken und in entsprechenden Umständen eigene leidvolle Erfahrungen heranreifen lassen. Buddhisten sind auch davon überzeugt, dass diese »Samenkörner«, die wir durch unsere Handlungen legen, im Geisteskontinuum über den Tod hinaus gespeichert werden und auch zukünftige Leben prägen werden. Aber man muss nicht zwangsläufig an zukünftige Leben glauben und auf die Wirkung in der fernen Zukunft warten, um davon überzeugt zu sein, dass alles, was wir tun, unser Leben stark beeinflusst. Gewöhnen wir uns etwa einen freundlichen Umgang mit anderen Menschen an und verletzen sie nicht, werden uns auch viele Menschen freundlich entgegenkommen und unterstützen. Im Deutschen gibt es dazu ja viele Sprichwörter, wie etwa »Wie man in den Wald hineinruft, so schallt es heraus« oder »Wer anderen eine Grube gräbt, fällt selbst hinein«. In diesem Sinne ist es im Eigeninteresse, anderen keinen Schaden zuzufügen und, wenn möglich, ihnen zu nutzen. Die Ethik ist keine Last, um einem den Spaß zu verderben und an der man schwer trägt.

Im Gegenteil: Sie befreit einen aus Verstrickungen des Lebens, sie macht das Gemüt freudig und bereitet tiefere meditative Erfahrungen echten Wohlseins vor.

Es lohnt sich, neben dem Töten auch die anderen der *Zehn Unheilsamen Handlungen* zu betrachten und von ihnen Abstand zu nehmen. Die zweite Handlung des Körpers – das Stehlen – besteht darin, dass man etwas, was einem anderen zusteht, für sich verfügbar macht. Das muss nicht immer bei Nacht und Nebel geschehen, sondern kann sich natürlich auch in einem feinen Büro durch eine Unterschrift an einem falschen Ort abspielen. Das sexuelle Fehlverhalten bezieht sich nicht nur auf den Partner eines anderen, sondern selbstverständlich auch auf jede gewaltsame Form der Sexualität.

Die *Vier Handlungen der Rede* sind das Lügen, die grobe Rede, das Zwietrachtsäen und die sinnlose Rede. Wenn man mit seiner Rede oder auch einer Geste bewusst einen anderen über die einem bekannten Tatsachen täuscht, um eigene Vorteile zu erzielen, ist die Lüge vollständig. Würde man dagegen, um jemanden nicht zu verletzen, ein Kompliment über sein Aussehen machen, obwohl man ihn nicht wirklich so attraktiv findet, wäre die Motivation nicht egoistisch, und man kann nicht von einer Lüge sprechen. Schon gar nicht ist es nötig, alles zu sagen, was man denkt. Das könnte sicher leicht unhöflich werden. Die grobe Rede zu unterlassen bedeutet nicht, so zu sprechen, dass es andere geistig verletzt, indem man sie zum Beispiel mit Tiernamen belegt. Gerade in Zeiten, in denen man über das Internet überall seine Meinung verbreiten kann, ist es sehr wichtig, sich respektvoll zu äußern, auch wenn man unterschiedlicher Meinung ist. Es ist zwar gerechtfertigt, über Inhalte zu streiten, aber niemals andere Personen persönlich zu beleidigen. Andernfalls entsteht ein sehr negatives gesellschaftliches Klima, und der Zusammenhalt gerade in Demokratien ist gefährdet. Zwietracht zu säen bedeutet, dass man Menschen, die sich nicht gut verstehen, noch weiter entzweit oder die gute Beziehung zwischen Personen stört, indem man einer Seite etwas mitteilt, was sie gegen die andere aufbringen soll. Diese Vorgehensweise, schlecht über andere zu reden, um selbst mehr Einfluss zu bekommen, ist leider in der Politik recht häufig anzutreffen. Sie verdirbt auch die Atmosphäre am Arbeitsplatz, wo sie als »Mobbing« bekannt ist. Menschen auf diese Weise aus der Gemeinschaft zu drängen kann zu schwerwiegenden Folgen und Erkrankungen führen. Die sinnlose Rede bedeutet, dass man ohne jede Achtsamkeit spricht. Das ist zunächst neutral und schadet niemandem. Passt man aber nicht auf, was man sagt, kommt es wiederum leicht dazu, dass man schlecht über andere spricht oder negative

Emotionen wie Gier und Eifersucht schürt. In vielen Massenmedien kann man leider diese Art von »Trash« beobachten. Er entsteht, wenn man nur die Aufmerksamkeit von Menschen erreichen möchte, ohne darauf zu achten, wie die Inhalte die Konsumenten beeinflussen. Im Übrigen ist diese Art des sinnlosen Geschwätzes eine sehr effektive Art, sein Leben zu verschwenden und die Kostbarkeit menschlicher Rede zu missachten.

Die *Drei Handlungen des Geistes*, vor denen der Buddha warnte, sind das Übelwollen, die Habsucht und die falsche Ansicht. Letztlich sind es immer die geistigen Impulse, die das Verhalten des Körpers und der Rede motivieren. Denkt man tatsächlich fortgesetzt daran, jemandem Schaden zuzufügen, wird es leicht zum Töten oder zur groben Rede kommen. Wenn man allerdings nur gelegentlich negative Gedanken hat, erfüllt das noch nicht den Tatbestand des Übelwollens. Das wird ohne tiefe spirituelle Erfahrung kaum zu vermeiden sein. Es ist dafür erforderlich, dass man fortgesetzt in diese Richtung denkt und damit den Impuls weiter steigert, bis er sich in einer äußeren Handlung entladen wird. Mit der Habsucht ist es ähnlich. Gelegentlich etwas haben zu wollen, was dem Nachbarn gehört, ist noch nicht diese Handlung. Nur wenn man suchtartig daran denkt und schließlich Pläne ausbrütet, wie man es dazu kommen lassen kann, ist dieses geistige unheilsame Verhalten vollständig. Die letzte der *Zehn Unheilsamen Handlungen* betrifft die falsche Ansicht. Auch hier geht es nicht darum, lediglich Zweifel an gewissen Lehren zu haben, die wahr sind. Wenn man aber ganz ausdrücklich verkündet, dass bestimmte Inhalte, über die man vielleicht gar nicht Bescheid weiß, nicht zutreffen, und daraus eine Art Ideologie macht, ist diese Handlungsweise sehr gravierend. Wir wissen zum Beispiel, dass eine Aussage wie: Religion sei nur »Opium für das Volk«, zu sehr viel Gewalt gegenüber den Vertretern großer Weisheitstraditionen geführt hat.

Wenn man bewusst diese *Zehn Unheilsamen Handlungen* vermeidet, ist das die Durchführung der *Zehn Heilsamen Handlungen*. Man unterlässt bewusst, andere mit Körper, Rede und Geist zu verletzen. Sicherlich wird es einem nicht immer gelingen, alle diese Handlungen vollständig zu vermeiden, aber wenn man versucht sie zu verringern, wird sich das sehr positiv auswirken und unser Leben sehr viel angenehmer, friedlicher und gesammelter machen. Ist es bereits zu schädlichem Verhalten und damit auch zu Anlagen im Bewusstsein gekommen, kann die Kraft der Reue und des Vorsatzes, Ähnliches in der Zukunft zu vermeiden, diese negative Anlage wieder aufheben.

Damit haben wir die wichtigste Voraussetzung für die Meditation, nämlich die grundlegende Ethik, besprochen.

EINEN MEDITATIONSORT EINRICHTEN UND DIE INNERE HALTUNG FINDEN

Weitere günstige Umstände beziehen sich etwa auf den Ort, an dem man meditiert. Besonders förderlich ist es, wenn die Umgebung, in der man sich zur Meditation begibt, relativ ruhig ist. Laute Töne und insbesondere Gespräche von anderen Menschen sind wie ein Stachel für die Konzentration. Deshalb suchten in der Vergangenheit die großen Meditierenden die Einsamkeit. Das ist heute sicherlich nicht nötig, solange die eigene Wohnung über eine gute Lärmdämmung verfügt. Es ist aber wichtig, dass man vor einer Sitzung die Mitbewohner bittet, einen nicht überraschend zu stören. Das Telefon und andere Unruheherde sollten abgestellt werden. Auch sollte der Ort keine gesundheitlichen Risiken wie etwa schlechte Luft usw. bergen. Wenn man zwischen den Meditationszeiten auf andere Menschen trifft, sollten sie die eigenen Bemühungen respektieren und unterstützen.

Noch wichtiger als die äußeren Umstände ist die innere Haltung. Genügsamkeit und Zufriedenheit sind notwendige Geisteshaltungen, um sich nach innen zu wenden. Man muss zwar nicht in Armut leben, um zu meditieren, aber wenn man immer zahllose Wünsche hat und niemals zufrieden ist, wird der Geist auch während der Übung ständig zu diesen Wunschobjekten abschweifen. Um sich von solchen Gedanken nicht ablenken zu lassen, ist es hilfreich, über die Vergänglichkeit aller Sinnesobjekte zu reflektieren, die man so begehrt. Wenn uns bewusst ist, dass keine äußeren Objekte – weder unser Besitz noch unsere Freunde oder unser Körper – uns für immer begleiten können, sondern wir uns spätestens beim Tod davon lösen müssen, wird es uns leichter fallen, den Blick auf die inneren Werte zu lenken, die uns wirkliche Befriedigung geben und uns selbst über den Tod hinaus begleiten können. »Memento Mori« nennt man diese Einstellung in der westlichen Kultur: Sei dir der Vergänglichkeit und des Todes bewusst bei allem, was du tust. Dann wirst du stets eine Richtschnur haben, was wirklich wesentlich ist.

In diesen Zusammenhang gehört auch, nicht so geschäftig zu sein. Seinen Verpflichtungen in Familie und Beruf soll man natürlich weiterhin nachgehen, aber völlig überflüssige Handlungen, die nur dazu dienen, sich abzulenken oder unnötig viel Geld und Ansehen zu erlangen, unterlassen. Viele Menschen scheinen auch Workaholics zu sein. Sie definieren sich nur noch über die Arbeit und können gar nicht mehr abschalten. Auch wenn sie sehr fleißig wirken, handelt es sich eher um ein unfreies und suchtartiges Verhalten. Im Buddhismus nennt man Aktivitäten, die keinen echten Nutzen für einen selbst und andere haben, die »Faulheit sinnloser Geschäftigkeit«. Geschäftige Menschen sind ja meist keineswegs bequem, sie verpassen jedoch den eigentlichen Sinn des Lebens in der Entwicklung der eigenen Persönlichkeit. Aus spiritueller Sicht sind sie deshalb keinesfalls aktiv und tatkräftig. In jedem Fall wird man, wenn man sehr geschäftig ist, kaum Zeit für die Meditation haben. Das Leben wird schnell vorbei sein, ohne die Potenziale des menschlichen Lebens, die in unserem Geist liegen, gehoben zu haben. Das ist damit vergleichbar, dass man eine kostbare Vase besitzt, aber nur Unkraut dort hineinstellt.

MY HOME IS MY TEMPLE

Sind die Grundlagen für eine Meditation erfüllt (ethisches Leben, ruhiger Ort, eine gewisse Genügsamkeit und eine Einschränkung der Geschäftstätigkeit), kann man nun direkt eine Meditationssitzung durchführen. Dabei wäre es gut, sich in der eigenen Wohnung einen Platz einzurichten, an dem man sich regelmäßig zu solchen Übungen einfindet. So wie wir einen Bereich zum Essen, zum Schlafen und zur Körperpflege in unserem Zuhause vorfinden, wäre es sehr förderlich, auch einige Quadratmeter als den Ort der inneren Einkehr zu gestalten. An diesem Ort kann man Gegenstände wie Bilder und Statuen aufstellen, die einen inspirieren. Wenn man einer Religion folgt, würde man vielleicht Repräsentationen des eigenen Glaubens errichten. Im Buddhismus wären das zum Beispiel Bilder des Buddha und heilige Bücher etc. Folgt man keiner Tradition, kann man ein inspirierendes Gemälde aufhängen. Eine Kerze ist für alle spirituellen Traditionen als Symbol für das innere Licht, das wir suchen, geeignet. Religiöse Traditionen errichten eine Art Altar vor diesen Symbolen geistigen Wachstums, auf dem sie oftmals auch Gaben darbringen. Auch Buddhisten schmücken den Altar mit Blumen, Schälchen mit gesegnetem Wasser, Räucherwerk und Lichtern aus. Dabei geht es nicht darum, den Buddha zu bestechen, damit er einem im Leben hilft und vielleicht einen Lottogewinn möglich macht. Der Buddha ist jederzeit bereit, einem zu helfen, und braucht diese Dinge nicht. Aber wie schon gesagt wurde, hängt unser Glück auch stark von unseren eigenen Bemühungen ab. Bringen wir ihm Gaben dar, sammeln wir kraftvolle Anlagen der Freigebigkeit und des Respektes in unserem Geist an, die unsere meditativen Bemühungen erleichtern. Säubert man die Gegenstände, vor denen man innere Einkehr hält, ist dies eine intensive symbolische Handlung, die auf den Zweck der Meditation, der inneren Läuterung, verweist. Es kann auch hilfreich sein, sich während der Meditation vorzustellen, dass heilige Wesen im Raum anwesend sind, wie Zeugen, die einen unterstützen wie eine gute Mutter. Sie haben keinerlei strafende Funktion, sondern wir können uns von ihnen angenommen und inspiriert fühlen. Wir stellen uns vor, dass sie sich über unsere Bemühungen freuen. Wenn man möchte, kann man sich am Ende der Meditation vorstellen, dass sie ihren Segen in Form von Licht senden und damit die eigenen Bemühungen veredeln. Hat man sich tatsächlich in einem ruhigen Bereich der Wohnung einen solchen Bezirk der Inspiration eingerichtet, wirkt das wie eine Art »Setting« beim Psychotherapeuten. Die inspirierende und für die Tätigkeit sinnvoll eingerichtete Umgebung erleichtert die Bemühungen um die innere Arbeit. Die Meditation muss zwar eigentlich aus dem eigenen Geist kommen und kann daher auch mitten in der Rushhour in einer U-Bahn erfolgen. Für den Anfänger ist es aber leichter, sich eine für den Zweck hilfreiche Umgebung als Bedingung zu suchen, so wie man Fußball auch am besten in einem Stadion spielt. »My home is my temple«, könnte man sagen. Im Übrigen lernt man das Segeln ja auch nicht bei Sturm auf dem Ozean, sondern in vertrauten Gewässern bei ruhigem Wetter.

Sind somit alle äußeren Umstände möglichst günstig, kann man sich an diesem Ort in einer geeigneten Körperhaltung niederlassen. Das ist hilfreich, weil unser Geist aus Sicht vieler indischer Schulungstraditionen wie dem Hatha-Yoga mit einer Energie – *prana* genannt – verbunden ist, die in Energiekanälen den ganzen Körper durchdringt. Je nachdem, wie diese Energie in den Kanälen fließt, unterstützt oder hindert das die geistige Klarheit. Eine schlechte Ernährung und eine Fehlhaltung des Körpers führen zu Blockaden dieser Energie und erschweren die geistige Frische und Stabilität. In diesem Zusammenhang wäre es auch sinnvoll, sich überwiegend vegetarisch zu ernähren, auf Alkohol und Zigaretten zu verzichten und vorbereitende Übungen aus dem Yoga oder dem chinesischen Qigong als Einstimmung auf die Sitzmeditation durchzuführen.

Aus dem vorbuddhistischen Yoga-System hat der Buddha auch die Sitzhaltung bei der Meditation übernommen. Es ist dabei nicht notwendig, die für uns sicherlich ungewohnte Haltung mit den übereinandergeschlagenen Beinen einzunehmen. Wenn es uns gelingt, im Schneidersitz nach einiger Gewöhnung eine gewisse Zeit unbewegt zu verbringen, wäre es hilfreich. Diese Sitzhaltung bündelt die Energie, und dadurch wird auch der Geist mehr nach innen gerichtet. Man kann aber auch auf einem Stuhl sitzend meditieren, wenn man die Fußflächen ganz auf dem Boden abstellt und sich so gut erdet. Die Hände können wir im Schoß zusammenlegen, um den Energiefluss zu bündeln. Wichtig ist es, den Rücken gerade zu halten, weil die Klarheit des Geistes mit der für den Menschen so charakteristischen aufrechten Haltung zusammenhängt. Dabei sollte der Kopf leicht nach vorn geneigt sein, wie eine volle Ähre an ihrem Halm. Die Schultern entspannen wir auf gleicher Höhe. Die Augen könnten wir eigentlich schließen, weil wir nicht mit den Augen meditieren, sondern mit dem geistigen Bewusstsein, das wir etwa auch für das Denken verwenden. Allerdings könnte es uns müde machen, weil wir bei geschlossenen Augen ja meist einschlafen. Deshalb wird in den klassischen Schriften Indiens empfohlen, die Augen entlang der Nase auf den Boden zu richten. Dabei versucht man nicht etwas zu betrachten, sondern lässt die Augen dort einfach ruhen. Bei tiefer Meditation wird man sich nicht mehr bewusst sein, was man dort sieht. Wenn wir uns einerseits entspannt fühlen und doch dabei eine disziplinierte Haltung einnehmen können, ist es ideal. Sollten uns doch einmal die Knie schmerzen, ist es möglich, sich ein wenig umzusetzen. Es ist nicht sinnvoll, unter Schmerzen zu meditieren. Doch wäre es wünschenswert, auch einmal länger ruhig zu sitzen, ohne sich zu bewegen, da dadurch die feinstofflichen Energien zur Ruhe kommen und damit auch der Geist mehr in sich ruht.

Haben wir die geeignete Sitzhaltung vor den inspirierenden Objekten eingenommen, können wir nun die unruhigen Gedanken, die uns noch aus dem Alltag begleiten, mithilfe von Achtsamkeitsübungen auf den Körper und auf den Atem, wie sie im nächsten Kapitel erläutert werden, weiter verringern. Danach können wir wählen, ob wir eine konzentrative Meditation durchführen möchten, bei der wir versuchen, uns auf eine Sache zu konzentrieren, oder eine Kontemplation zur Entwicklung positiver Emotionen ausüben wollen.

Traditionell spricht man in Indien von einer Abfolge, die Hören, Nachdenken und Meditieren genannt wird. Das bedeutet, dass man zunächst eine Thematik von einem vorbildhaften und gelehrten Lehrer, der einen inspiriert, erläutert bekommt. Maschinen können diese lebendige Übertragung nicht ersetzen. Dann diskutiert man mit Mitschülern darüber. Schließlich kann man in der Meditation über diese Punkte reflektieren. Am Ende konzentriert man sich auf das Ergebnis. Wir werden diese Art kontemplativer Betrachtungen bei der Erörterung der jeweiligen Meditationen zu Geisteszuständen wie Gleichmut, Liebe und Mitgefühl, Mitfreude, Geduld, Dankbarkeit usw. in den folgenden

Kapiteln lernen. Verweilt man konzentriert in diesem wünschenswerten Zustand, wächst die Kraft der positiven Geisteshaltung in uns an, so wie die Muskelkraft während des Anhebens von Gewichten zunimmt.

Niemals aber sollte man sich bei der Meditation überfordern und zu lange Sitzungen durchführen. Dann könnte es sein, dass man sich schon vor der nächsten Meditation fürchtet, weil man sie als so anstrengend erlebt hat. Besser ist es, nur so lange zu sitzen, wie man noch über genügend Inspiration verfügt.

WEITERE PRAKTISCHE RATSCHLÄGE

Wenn wir uns nicht zu sehr erschöpft haben, werden wir uns schon auf die nächste Sitzung freuen und so eine Kette von Übungen beginnen. Es ist nicht gut, zu lange Sitzungen zu machen und dann für eine ganze Zeit erst einmal wieder gar nicht zu meditieren. Stattdessen ist es besser, regelmäßig kürzere Übungen durchzuführen und mit fünf bis zehn Minuten am Tag zu starten. Die Dauer lässt sich dann steigern, wenn wir uns daran gewöhnt haben. Mit Ehrgeiz und Gewalt lässt sich kein Erfolg bei der Meditation erreichen, sondern eher mit einer Art entspannter Disziplin. Eine Regelmäßigkeit ist aber wie auch bei körperlichen Übungen zwingend.

Günstig ist es auch, einen Rhythmus einzuhalten, etwa indem wir ungefähr zu den gleichen Tageszeiten am gleichen Ort meditieren. Wir werden dann bemerken, dass sich Körper und Geist bereits auf die Übung eingestellt haben, bevor wir beginnen. Die besten Zeiten der Meditation sind am frühen Morgen und am Abend. Morgens, wenn der Geist noch vom Schlaf erholt und klar ist, ist es angezeigt, die richtige Einstellung für den Tag aufzubauen, die einen dann durch den Alltag trägt. Anstatt schon gleich mit der Begleitung des Radios den Geist zu zerstreuen und in einem gestressten Zustand ins Büro zu gehen, wird man so mit freudigem und gesammeltem Geist seine Arbeit aufnehmen können und auch eine mitfühlende und offene Haltung zu seinen Kolleginnen und Kollegen beibehalten. Am Abend kann man vor dem Schlafengehen noch einmal den Tag reflektieren und sich an gelungenen Handlungen erfreuen, auch unangenehme Situationen und Begegnungen überdenken und gegebenenfalls gute Vorsätze fassen. Danach wird es möglich sein, ohne Schlaftabletten zur Ruhe zu kommen.

Wie man diese Kraft im Alltag außerhalb der Sitzungen aufrechterhalten kann, wird im Zusammenhang mit der Achtsamkeitspraxis erläutert werden. Das Beste wäre es, sich nicht mit großen Erwartungen unter Druck zu setzen, sondern einfach mit Freude diese

Übungen regelmäßig auszuführen. Die Ergebnisse und Erfahrungen werden sich dann wie von selbst ergeben und vielleicht gerade dann, wenn wir am wenigsten damit rechnen. Nicht wichtig ist, anderen viel von den eigenen Meditationen zu erzählen oder sich gar deren zu rühmen. Das führt nur zu Widerständen. Es ist nicht nötig, sich zu rechtfertigen, was man in dieser Hinsicht tut. Wenn wir immer wieder mit etwas Geduld diese Übungen unter Berücksichtigung der Vorbedingungen durchführen, wird sich unser Geist sehr gut entwickeln und das Leben wesentlich gelassener und glücklicher werden. Das ist die Natur der Meditation. Das wichtigste Instrument während der Übung ist die Achtsamkeit, und deshalb wollen wir uns der Ausbildung dieser Fähigkeit im nächsten Kapitel zuwenden.

DAS WUNDER DER ACHTSAMKEIT

DAS TELESKOP DES GEISTES

Mithilfe der Meditation können wir unseren Geist so formen, dass wir glücklich und gelassen durch das Leben gehen. Jede Kunst und jede Wissenschaft aber benötigt geeignete Instrumente, um sie auszuüben. So, wie die Naturwissenschaften sich mit Mikroskopen und Teleskopen für die Beobachtung der materiellen Welt ausstatten, um zu Erkenntnissen zu kommen, und der Philosoph die Logik erlernt, um begründete Schlüsse zu ziehen, entwickelt auch der Meditierende zunächst sein Beobachtungsgerät für das innere Universum – es heißt Achtsamkeit.

Der Buddha nennt die Achtsamkeit den einzigen Weg. Er behauptet jedoch nicht, dass jeder religiös werden oder sich zum Buddhismus bekehren muss, um einen spirituellen Weg zu gehen. Er drückt damit aber aus, dass man aufmerksam lernen und bei der Sache bleiben muss, um – wie auf jedem Wissensgebiet, so auch in der Meditation – Fortschritte zu machen und die gewünschten Früchte zu erlangen. Die Vorbedingungen für eine gezielte Anwendung der Meditation (moralisch disziplinierte Lebensweise, günstiger Ort, innere Einstellung) haben wir im letzten Kapitel behandelt. Nun ist es vor allem wichtig, den Geist zur Ruhe zu bringen. In einem beruhigten Geist übt man, die ganze Aufmerksamkeit auf die Gegenwart und das jeweilige Meditationsobjekt zu richten, anstatt fortwährend in Gedanken an die Vergangenheit und Zukunft verstrickt zu sein mit all den Sorgen, Schuldgefühlen und Ängsten, die damit verbunden sind. Die gewonnenen Erkenntnisse können dann auch vom Kopf in das Herz sinken und eine echte Veränderung der Persönlichkeit bewirken.

WAS BEDEUTET ACHTSAMKEIT?

In den letzten Jahren wurde insbesondere von Jon Kabat-Zinn der Begriff der Achtsamkeit in die säkulare Welt eingeführt. Die Verbreitung gewisser Achtsamkeitsübungen für allgemeine Ziele, die ursprünglich aus dem Buddhismus stammen, hat sich zum Beispiel in der Psychotherapie, der Seelsorge und bei der Arbeit mit Kindern als sehr hilfreich erwiesen und geradezu eine Welle ausgelöst. Große Unternehmen bieten die Schulungen des MBSR (Mindfulness-Based Stress Reduction) mit großem Erfolg ihren Mitarbeitern an.

Zahlreiche wissenschaftliche Untersuchungen belegen die Wirksamkeit der Methode für das psychische Wohlergehen. Jon Kabat-Zinn definiert dabei die Achtsamkeit als Wahrnehmung, die auf das Hier und Jetzt bezogen ist. So wirksam, wie sich diese Definition auch erwiesen hat, deckt sie sich nicht mit dem traditionellen Verständnis aus dem Buddhismus und reduziert die Wirkungsmöglichkeiten dieser Praxis. Es ergibt sich insbesondere die Frage, ob eine Handlung, die andere Personen verletzt und ohne Urteil mit voller Aufmerksamkeit im Hier und Jetzt durchgeführt wird, auch achtsam zu nennen ist. An diesem Beispiel zeigt sich, dass es notwendig ist, die Geisteshaltung der Achtsamkeit an ein ethisches Verhalten anzubinden und auch Urteile über hilfreiches oder destruktives Verhalten von Körper und Geist zu integrieren. Beginnt man, die eigene Persönlichkeit zu erforschen, ist es tatsächlich sinnvoll, alles zunächst bedingungslos so anzunehmen, wie es im Moment nun mal ist. Eine von vornherein zu selbstkritische Haltung würde gerade in der westlichen Leistungsgesellschaft andernfalls zu Frustrationen und einer selbstablehnenden Einstellung führen können. Ist eine Bestandsaufnahme erfolgt, ist es notwendig zu untersuchen, ob insbesondere die eigenen Denkweisen, Motivationen und Einschätzungen der Wirklichkeit und das eigene Verhalten sinnvoll und im Einklang mit der Realität sind oder nicht. Stellen sich die angewöhnten Muster als destruktiv heraus, ist es auch wichtig, darüber zu urteilen, ob es sinnvoll ist, weiterhin so zu agieren, ohne dabei die eigene Person abzulehnen. Einzelne Verhaltens- und Denkweisen müssen aber als problematisch erkannt werden, um sie dann mithilfe der Meditation zu verändern.

Die traditionelle buddhistische Definition der Achtsamkeit geht auf den historischen Buddha zurück, der in seinen Lehrreden über die Achtsamkeit (Satipatthanasutra) eine Haltung praktisch anleitet. Dabei erinnert man sich stets an ein Objekt, auf das man seine Aufmerksamkeit richten möchte, um sich weiterzuentwickeln. Der indische Begriff »Satipatthana« heißt denn auch weniger Achtsamkeit als vielmehr »Vergegenwärtigung«, »Aufmerksamkeit« bzw. »Erinnerungsfähigkeit«. Er steht in enger Beziehung zu dem Begriff der »Selbstbeobachtung«. Wenn man sich spirituell weiterentwickelt, ist es danach entscheidend, die eigenen Handlungen von Körper und Geist sehr genau zu beobachten. Bemerkt man, dass sie von den eigenen Vorsätzen abweichen, kehrt man zu dem beabsichtigten ethischen Verhalten und zu den erlernten Einsichten zurück, indem man sie sich vergegenwärtigt. Im Buddhismus vergleicht man die Vergegenwärtigung mit einem Seil und den Geist mit einem ungezähmten

Elefanten. Mit dem Seil bindet man den Elefanten an den Pfeiler des Meditationsobjektes. Das heißt, dass man mit der Vergegenwärtigung den Geist in der Meditation zähmt, zur Ruhe bringt. Damit übt man das wünschenswerte und zu Glück führende Verhalten ein und bringt das eigene Wesen in Harmonie mit der Wirklichkeit. Überwindet man so schrittweise destruktives Verhalten und Täuschungen, wird dies zur Grundlage von Gelassenheit und Wohlsein.

Der Neurobiologe, Arzt und Psychotherapeut Joachim Bauer nennt diese Fähigkeit in einem seiner Werke aus der Sicht der westlichen Psychotherapie treffend Selbststeuerung. Neurowissenschaftler haben feststellen können, dass es im Gehirn einen Bereich gibt, der für die Impulskontrolle zuständig ist. Jeder Mensch wird mit diesem Potenzial geboren. Es ist aber notwendig, diese Anlage auszuüben, da sie sonst verfällt. Wird sie durch Erziehung und Geistesschulung gefördert, ermöglicht sie uns, Impulsen, die aus der Evolution des Menschen stammen, zu widerstehen und flexibler zu reagieren. Erst durch die Kultivierung der Selbstkontrolle erlangt der Mensch einen freien, selbstbestimmten Willen, da er sonst rein reaktiv gezwungen wäre, den eigenen Anlagen zu folgen. Dass wir über diese Freiheit verfügen, zeigt sich in unserem gesellschaftlichen Verhalten. Kritisiert uns etwa ein Vorgesetzter, würden wir entsprechend unserer angeborenen Veranlagung aus der Situation fliehen oder aber zum Gegenangriff übergehen. Da dies aber in einer solchen Situation nicht sinnvoll ist, wenn wir unseren Job behalten wollen, reagieren wir zurückhaltend und versuchen, uns argumentativ zu rechtfertigen. Wäre uns eine solche Impulskontrolle nicht möglich, würden wir auch den Anreizen für Konsum und Ablenkung maßlos folgen und wären kaum noch fähig, Maß zu halten oder uns zu konzentrieren. Auch unseren Aggressionen wären wir dann vollkommen ausgeliefert und könnten gewaltsames Verhalten mit allen Konsequenzen gar nicht unterbinden. Wir könnten dann auch nicht eine Befriedigung zurückstellen, um ein umfassenderes Ziel mit Disziplin zu verfolgen, und würden keine Rücksicht auf andere Menschen nehmen.

Die »Selbstbeobachtung« wird mit einem Spion im eigenen Geist verglichen, der stets beobachtet, was geschieht, ohne auf ein spezielles Objekt gerichtet zu sein. Tritt etwas auf, das nicht beabsichtigt ist, meldet der Spion es weiter. Dann kann die Vergegenwärtigung dafür sorgen, dass man zum Beispiel zu der Meditation mit Aufmerksamkeit zurückkehrt.

Die Praxis von Satipatthana ist dabei keineswegs trocken philosophisch, sondern eher experimentell. Man beobachtet das eigene Leben, arbeitet damit, übt so ununterbrochen eine neue Daseinsweise ein und erhält deren Resultate. Die Spontanität, Lebendigkeit und Freiheit des Verhaltens wird dadurch erhöht.

Der Begriff der Achtsamkeit selbst ist im Buddhismus mit der Ethik eng verbunden. Er bedeutet, dass man speziell bei dem eigenen äußeren Verhalten beobachtet, was man tut, und wenn möglich zu sinnvollen, glückbringenden Aktivitäten zurückkehrt, indem man sich die Prinzipien seiner eigenen Ethik wieder vergegenwärtigt.

DIE OBJEKTE DER ACHTSAMKEIT

Der Buddha lehrte die Kraft der Vergegenwärtigung sehr systematisch. Wir können bewusster werden, indem wir etwa mit dem Körper und äußeren materiellen Objekten unsere Forschungsreise beginnen. Danach richten wir den Blick nach innen auf immer subtilere geistige Inhalte – wie die Empfindungen, Gedanken und Emotionen. Letztlich geht es darum, sämtliche körperliche und geistige Phänomene zu beobachten, um zu erkennen, welches Wesen sie haben, und sich entsprechend zu verhalten. Leiden ist nach Ansicht aller buddhistischen Schulen die Wirkung von Täuschungen und unangemessenem Verhalten. Alles Glück folgt dagegen aus der Weisheit, die die Realität möglichst ungetäuscht erkennt und so angemessenes

Verhalten möglich macht. Obwohl die traditionelle Einteilung der sogenannten *Vier Objekte der Vergegenwärtigung* etwas anders ist, beziehen sich die meisten modernen Lehrer dieser Praxis auf die Vergegenwärtigung des *Körpers*, des *Atems*, der *Empfindungen* und der *Emotionen* bzw. *Gedanken*. Wir wollen dieser Vorgehensweise auch hier folgen.

Zu der Vergegenwärtigung des *Körpers* gehört die im Westen als *Bodyscan* bekannte Übung. Man geht dabei den ganzen Körper in Bezug auf die eigenen Tastempfindungen durch, entspannt sich dabei vollkommen und bleibt mit seiner Aufmerksamkeit ganz in der Gegenwart des Hier und Jetzt. Normalerweise sind unsere Gedanken immer mit der Vergangenheit und der Zukunft beschäftigt. Wir erinnern uns an frühere, oft belastende Episoden, fantasieren über unsere Zukunftspläne oder ängstigen uns davor, was kommen mag. Wir verpassen dabei das reale Leben, das sich immer in der Gegenwart befindet. Der Buddha wies darauf hin, dass die Vergangenheit bereits abgelaufen und die Zukunft noch nicht vorhanden ist. Er forderte dazu auf, das Leben bewusst in der Gegenwart wahrzunehmen. Bindet man die Aufmerksamkeit auf körperliche Vorgänge, ist man automatisch im Jetzt, und wir erleben unsere Energie und Präsenz ganz neu. In dem Zusammenhang der Vergegenwärtigung des Körpers kann man auch seine Aufmerksamkeit voll auf die Bewegungen des Körpers im Gehen, Stehen, Liegen und Sitzen ausrichten. Außerhalb der Meditation richten wir uns ganz auf unsere Tätigkeit, etwa beim Kochen, Essen oder Arbeiten, aus und schweifen dabei nicht mit unseren Gedanken ab.

Die Vergegenwärtigung des *Atems* nimmt man vor, indem man die Aufmerksamkeit ganz auf die mit dem Atemfluss verbundenen Wahrnehmungen ausrichtet. Man beobachtet zum Beispiel die Tastempfindungen unterhalb der Nase beim Ein- und Ausatmen und verweilt dabei. Dadurch werden überflüssige Gedanken stark vermindert. Wenn man sich auf den Atem konzentriert, kann man nicht gleichzeitig belastende Grübeleien anstellen. Sitzt eine Person schon auf einem Stuhl, kann der andere dort nicht mehr Platz nehmen. Das ist sehr erleichternd, um den endlosen Strom überflüssiger Gedanken zu verringern. Im Buddhismus spricht man vom affengleichen Geist, der immer sinnlos herumspringt, wenn er nicht geschult ist.

Die Vergegenwärtigung der *Empfindungen* bezieht sich auf unser geistiges Erleben von Glück und Leiden. Wir beobachten die Stimmungen, die mit den körperlichen und geistigen Zuständen einhergehen, wie etwa Schmerz aufgrund der Sitzhaltung oder Kummer aufgrund von sorgenvollen Gedanken. Wir lernen dabei, zu erkennen, dass Empfindungen sehr flüchtig sind und nicht auf jedes angenehme Gefühl gleich Begierde folgen und jedem unangenehmen Gefühl Abneigung entgegengebracht werden muss. Damit werden wir nicht mehr wie ein Fähnchen im Wind zwischen Euphorie und Depression hin- und herschwanken und ausgeglichener werden im Auf und Ab des Lebens.

Die Vergegenwärtigung auf die *Emotionen* bzw. *Gedanken* bezieht sich darauf, dass wir unseren Gedankenfluss selbst beobachten, ohne uns immer gleich mit jedem Konzept zu identifizieren. Wir entwickeln den inneren Beobachter, indem wir feststellen können, dass hinter den einzelnen Gedanken und Emotionen eine Ebene des Beobachtens liegt. Damit gewinnen wir große innere Freiheit gegenüber unseren inneren Schwankungen und Verwirrungen.

EIN PRAKTISCHES TRAININGSPROGRAMM

Im Folgenden werde ich die einzelnen Praktiken aufführen. Man könnte diese Erklärungen als eine Art Fahrplan für ein regelmäßiges Trainingsprogramm im eigenen Alltag verwenden. Sie können jeweils eines der vier Objekte der Vergegenwärtigung eine Woche lang in den Mittelpunkt der Praxis stellen. Vielleicht ist es auch möglich, sie auf einem Meditationsseminar in einem buddhistischen Haus einzuüben.

Für die Praxis in den eigenen vier Wänden suchen wir also, wie es im letzten Kapitel ausführlicher dargestellt wurde, einen geschützten, angenehmen Platz, der von den alltäglichen Verrichtungen etwas abgegrenzt ist. Dort können wir regelmäßig etwa am Morgen vor der Arbeit und am Abend vor dem Schlafengehen der Meditation nachgehen. Die letzte Mahlzeit sollte schon ein wenig zurückliegen. Sind wir sehr erschöpft, wäre es besser, vorher ein wenig zu ruhen. Störende Einflüsse von Medien und Besuchern werden ausgeschaltet. Wir können den Ort mit inspirierenden Objekten ausstatten und setzen uns dann in eine geeignete Körperhaltung.

DIE VERGEGENWÄRTIGUNG DES KÖRPERS
BEIM BODYSCAN

Spüren Sie einmal in Ihren Körper hinein. Dabei gehen Sie den Körper einmal von oben nach unten mit Ihrer Aufmerksamkeit durch. Zunächst wenden wir uns der Augenregion zu, die im modernen Leben oft so angespannt ist und Bildschirme und Werbetafeln betrachten muss. Nun können die Augen einmal ganz entspannt in den Augenhöhlen ruhen und müssen nicht alle Informationen aufsaugen. Auch all die kleinen Muskeln um die Augen herum entspannen sich und senden ein Signal der Entspannung in den ganzen Körper hinein. Dann wenden wir uns der Kieferregion zu. Die Zähne brauchen niemals aufeinandergepresst werden, der Kiefer fällt ein wenig herab, und der Mund mag sich leicht öffnen. Vielleicht setzen wir sogar bewusst ein kleines Lächeln auf, wie wir es auf dem Gesicht des Buddha sehen können. Ein solches Halblächeln ist der natürliche Ausdruck eines entspannten menschlichen Gesichtes. Es vermittelt dem gesamten Körper, dass es uns gut geht und er sich entspannen kann. Auch die übrigen Gesichtszüge können wir entspannen, in dem Wissen, dass wir nun einmal keinen Eindruck auf andere machen müssen, keine Rolle spielen, sondern einmal ganz mit uns selbst in Kontakt bleiben können. Wir achten darauf, dass wir unsere Schultern loslassen, und nehmen so auch symbolisch alle Last des Alltags von uns herunter. Mit unserer Aufmerksamkeit gehen wir dann weiter den Rücken Wirbel für Wirbel herab und bemerken dabei auch die parallel verlaufenden Muskelstränge zu beiden Seiten der Wirbelsäule. Sie können sich vorstellen, dass ein imaginärer Pinsel über diese Körperteile fährt und überall, wo er ankommt, sich ein Gefühl von Wärme und Entspannung einstellt. Es fühlt sich an, als ob wir dort eine Art Massage bekommen hätten. Achten Sie dann einmal auf den Fluss der subtilen Energie im gesamten Körper, der mit unserem Geist verbunden ist. So können wir etwa spüren, dass sich in manchen Körperregionen die Energie staut, während sie an anderen Orten mühelos fließt. Vielleicht haben Sie ein Gefühl von Druck oder Leichtigkeit auf der Brust, die Kehle mag zugeschnürt oder offen sein, und in der Verdauungsregion mag es nervös oder gelöst zugehen. All diese Zustände stehen oft in unmittelbarer Beziehung zu Gedanken und Emotionen des Geistes. Wenn wir nicht nur den Körper wahrnehmen, sondern gelernt haben, den Strom der feinen Energie zu bemerken, können wir selbst bewusst Einfluss nehmen, Blockaden frühzeitig auflösen und damit auch Krankheiten vorbeugen. Sie können sogar in der Vorstellung Licht von Ihrem Herzen aus in die Region schicken, in der Sie gesundheitliche Probleme oder Verspannungen spüren, und sich vorstellen, dass sich diese auflösen. Nun achten wir darauf, dass unsere Bauchdecke nicht unnötig angespannt ist, und entwickeln einen weichen Bauch. Unterhalb des Nabels können Sie vielleicht ein Energiezentrum spüren, indem Sie sich in Ihrer Körpermitte verankern. Weiter gehen wir mit unserer Aufmerksamkeit durch das

Becken hindurch bis in die Beine und Füße hinab. Wir sind uns jetzt des gesamten Körpers umfassend und als Einheit, in der alles zusammenspielt, bewusst. Denken Sie einmal mit Dankbarkeit daran, was Ihr Körper alles für Sie tut. Nehmen Sie ihn so an, wie er ist. Der Körper antwortet darauf, dass wir ihm einmal unsere ganze Aufmerksamkeit schenken, mit einem Gefühl der Entspannung, Wärme und Gesundheit. Indem wir uns dem Körper zuwenden, kommen wir automatisch ganz in die Gegenwart des Hier und Jetzt. Genießen Sie es einmal, ganz präsent zu sein und Ihre Energie zu spüren. Im weiteren Verlauf achten Sie auf eventuell auftretende Spannungen im Kiefer, Rücken und Bauch. Es können Kribbeln, Jucken, Schmerzen oder Wahrnehmungen von Wärme und Kälte auftreten. Nehmen Sie alle Erfahrungen bewusst und liebevoll an, ohne sie zu beurteilen. Wenn Sie abgelenkt sind, kehren Sie wieder zur allgemeinen Wahrnehmung des Körpers zurück. Beobachten Sie, wie sich die Erfahrungen verändern und eventuell auflösen und neuen Raum geben. In der letzten Minute der Meditation bemühen Sie sich, noch einmal ganz beim Körper zu bleiben, und kommen Sie dann mit Ihrer Aufmerksamkeit in den Raum zurück. Spüren Sie die Berührung mit der Kleidung und dem Sitzplatz? Nehmen Sie dann auch wieder die äußeren Geräusche und anderen Sinnesobjekte wahr.

Auch außerhalb der formellen Meditationssitzungen können wir die Aufmerksamkeit auf den Körper schulen und so ganz im Jetzt bleiben. Man unterscheidet die Praxis während der Sitzung und außerhalb derer. Im besten Fall beeinflussen beide sich gegenseitig positiv. Sie können die Achtsamkeit auf den Körper weiterüben, indem Sie sich dieser bei allen Bewegungen im Gehen, Stehen, Sitzen und Liegen vollständig bewusst sind.

Die Gehmeditation spielt dabei eine wichtige Rolle. Sie kann auch zwischen zwei Sitzmeditationen zur körperlichen Auflockerung genutzt werden, ohne dass man dabei die Zentrierung verliert. Wir können die Gehmeditation auch in unseren Alltag einbeziehen, etwa wenn wir aus dem Haus gehen, wir im Büro oder während der Arbeitspause unterwegs sind, in der Stadt etwas erledigen und einkaufen oder uns in unserer Wohnung bewegen. Bei der Meditation im Gehen ist unsere ganze Aufmerksamkeit, so wie sie vorher auf die Körperteile im Sitzen gerichtet war, nun auf den Prozess des Gehens selbst gerichtet, insbesondere auf das Anheben, Tragen und Senken der Füße. Wenn die Gedanken fortschweifen, richten Sie sie wieder zurück auf die bloße Bewegung. Es mag dabei hilfreich sein, zunächst etwas langsamer als üblich zu gehen, um sich besser darauf ausrichten zu können. Der Oberkörper sollte dabei aufrecht sein, wie in der Sitzmeditation, und die Hände etwa unterhalb des Nabels zusammengeführt werden. Der Kopf fällt ein wenig herab, der Blick ist vor uns auf den Boden gerichtet.

Wenn wir an der Kasse im Supermarkt stehen oder an einer roten Ampel warten müssen, können wir wahrnehmen, dass wir stehen und einige bewusste Atemzüge machen, anstatt ungeduldig zu warten, dass es weitergeht. So bleiben wir in unserer Mitte und entspannt.

Wenn Sie sich setzen, machen Sie es sich bewusst. Legen Sie sich abends ins Bett, richten Sie einmal Ihre Aufmerksamkeit ganz auf die Berührungen mit der Bettwäsche, der Matratze und der Schlafbekleidung. Genießen Sie die wohlige Wärme, und Sie werden dabei auch gut einschlafen können.

Neben unserem eigenen Körper können wir unsere Aufmerksamkeit auch möglichst unabgelenkt auf unsere sinnlichen Wahrnehmungen von allen materiellen Dingen richten, mit denen wir zusammentreffen. Versuchen Sie einmal einen Gegenstand, zum Beispiel eine Tasse, zu betrachten, als sähen Sie sie zum ersten Mal, ohne sie gleich mit unseren üblichen Konzepten zu verbinden oder mechanisch zu gebrauchen. Dabei werden Sie sicher viele neue Erfahrungen mit unerwarteten, kreativen Perspektiven machen. Alles wird eine Frische bekommen, wie wir sie zum Beispiel auf Reisen angesichts neuer Umstände, an die wir noch nicht so gewöhnt sind, erleben oder wie sie ein Kind erfährt, wenn es sich die Welt neu erobert. Genauso gehen wir mit Tönen, Gerüchen, Geschmäckern und Tastbarem um.

Überhaupt können wir bei allen täglichen Verrichtungen die Achtsamkeit üben. Insbesondere ist es eine wertvolle Praxis, bewusst zu essen und zu trinken, anstatt dabei an unsere Sorgen zu denken. Wir können auch schweigend essen oder uns in der Tischgemeinschaft liebevoll über die Speise austauschen. Bewusst unseren Mitmenschen ein herzliches Lächeln zu schenken kann ebenfalls eine Praxis sein, die uns guttut und auf unsere Umwelt positiv ausstrahlt.

Unsere Tätigkeiten, etwa im Haushalt oder bei der Arbeit, müssen nicht immer in Schubladen gepresst werden, auf denen zum Beispiel steht: Hausarbeit ist unangenehm! Wenn wir bewusst und ruhig abwaschen, erkennen wir, dass dieser Vorgang auch viele durchaus angenehme Facetten hat. Seien Sie ruhig einmal ganz lebendig dabei, und spalten Sie sie nicht von Ihrem bewussten Leben ab. Sind wir mit einem Verkehrsmittel unterwegs, können wir ganz bewusst fahren und nicht nur an das Ziel denken und an Probleme, die dort eventuell auf uns warten. Am Telefon gehen wir aufmerksam auf unseren Gesprächspartner ein, anstatt nur eine Aufgabe mit ihm zu erledigen. Auch der Körperpflege kann man seine volle Aufmerksamkeit widmen. Es ist sowieso nicht sinnvoll, während dieser Tätigkeiten gleichzeitig über Probleme zu grübeln. Wir werden sie sonst nur immer weniger lösen können. So können jede Tätigkeit und jeder Moment ihren Eigenwert bekommen, anstatt dass wir uns immer nur auf entfernte äußere und innere Ziele vorbereiten, die vielleicht niemals erreicht und doch nur neuen Zielen Platz machen werden. Wir sind somit frisch und lebendig, präsent und im Kontakt mit der Welt, unseren Mitmenschen, und jederzeit in der Lage, unangemessenes Verhalten zu unterbinden. Wir werden damit sehr effektiv in unserem Handeln werden und viele scheinbar banale Tätigkeiten und Erfahrungen sehr genießen können. Wenn wir uns Gedanken zu einem Thema machen, werden diese sehr klar und folgerichtig sein und zu überraschenden, neuen kreativen Einsichten, auch bei unserer Arbeit, führen.

Diese Praxis hat in Asien auch großen Einfluss etwa auf die Kultur Chinas und Japans ausgeübt und zu so kulturellen Blüten wie der Teezeremonie, Kalligrafie, dem Bogenschießen und dem Kampfsport wie etwa Karate geführt.

Ein Klassiker der Achtsamkeitsübung ist die Atembetrachtung. Der Atem steht uns jederzeit zur Verfügung und ist relativ deutlich wahrnehmbar. Es handelt sich um ein ideales Objekt, um unseren Geist zu zentrieren. Solange wir auf den Atem gerichtet sind, wird das Geplapper unseres Geistes zur Ruhe kommen, und wir werden ein Wohlsein aus unserem Inneren heraus erleben.

Zunächst nehmen Sie wiederum an einem ausgewählten Platz eine geeignete Körperhaltung ein. Achten Sie darauf, sich bequem und stabil in dieser Haltung zu fühlen und dabei frei atmen zu können. Vielleicht spüren Sie auch etwas von der Würde dieser Sitzweise, die auch der Buddha annahm. Indem unser Körper zur Ruhe kommt, wird auch der Geist schon friedlicher. Zunächst versuchen Sie zu bemerken, was in der Gegenwart gerade geschieht. Wir spüren unseren Körper, nehmen Geräusche wahr und vielleicht auch im Hintergrund unsere Gefühle und Gedanken. Nun richten Sie sich auf Ihren Atem aus. Wo spüren Sie ihn deutlich? Sie können sich für die Bewegung der Bauchdecke entscheiden oder für die leichte Tastempfindung unterhalb der Nasenöffnung, die durch den Atemstrom ausgelöst wird. Versuchen Sie nicht, den Atem zu verändern oder unter Kontrolle zu bringen. Es handelt sich nicht um eine Atemübung, sondern nur um die Bewusstheit über den gegenwärtigen Atemfluss, so wie er ist. Der Körper weiß am besten, wie er atmet, und Sie können ihn gewähren lassen. Vielleicht bemerken Sie aber auch, wie schwer es fällt, ihn natürlich fließen zu lassen und »es atmen zu lassen«. Sie brauchen nichts zu tun, nirgendwo hinzukommen oder etwas erreichen, sondern können einfach nur sein und sind sich des Atems bewusst. Wenn Gedanken und Gefühle auftreten, die von der Bewusstheit des Atems fortführen, ärgern Sie sich nicht darüber. Das führt nur zu inneren Spannungen, und die Hindernisse verstärken sich, wenn wir die Meditationspraxis mit negativen Erfahrungen verbinden. Ablenkungen sind bei uns allen im Moment ganz natürlich und unvermeidlich. Im Gegenteil: Freuen Sie sich, wenn Sie durch den Spion der Selbstbeobachtung frühzeitig bemerkt haben, dass Sie abgelenkt sind. Gehen Sie dann einfach auf das Objekt mit Vergegenwärtigung zurück – wie ein Kind, das laufen lernt, immer wieder neu aufsteht, wenn es fällt, ohne darüber zu reflektieren. Kehren Sie ein ums andere Mal in die Gegenwart Ihres Atems zurück, indem Sie Ihre Bewusstheit verankern. Gedanken treten auf, aber lassen Sie sich nicht davon in weitere Gedankenketten forttragen. Vielleicht stellen Sie auch schon fest, wie jeder Atemzug aus dem Einatmen, einer Pause, dem Ausatmen und erneut einer

Pause besteht. Mal ist der Atem lang, mal kurz, mal fühlt er sich hart oder weich an, manchmal frei, manchmal blockiert. Kein Atemzug ist wie der andere. Wir alle atmen in unserem eigenen Rhythmus und beobachten ohne Urteil, was geschieht. Sie können auch innerlich die Worte »Ein« und »Aus« formulieren oder die Atemzüge immer wieder von 1 bis 10 zählen. Beginnen Sie stets von Neuem und lassen Sie sich nicht entmutigen. In der letzten Minute unserer Bemühungen versuchen Sie, sich noch einmal besonders intensiv der Aufgabe zu widmen, beim Atmen zu bleiben. Dann werden Sie sich langsam wieder des gesamten Körpers bewusst, hören auch wieder die Geräusche im Raum, schlagen die Augen auf und nehmen das Licht wahr. Lassen Sie die Übung noch ein wenig nachwirken, erheben Sie sich dann langsam und gehen mit neu gewonnener Ruhe, die mit Sicherheit unsere Tätigkeiten positiv beeinflusst, an Ihre alltäglichen Vorhaben.

Die Atemmeditation verringert massiv unsere überflüssigen, grüblerischen Gedanken und entlastet damit den Geist, der dadurch freudiger und kraftvoller wird. Auch außerhalb der Sitzungen ist es sehr hilfreich, sich von Zeit zu Zeit einige Momente auf den Atem auszurichten. Wenn wir uns beispielsweise irritiert und provoziert fühlen, können wir uns neu sammeln und auf eine sinnvolle Reaktion einstellen, anstatt überhastet und aus der Erregung heraus zu handeln.

Ist die Kraft der Vergegenwärtigung des Körpers, seiner Bewegungen und Handlungen und an dem schon etwas subtileren und dennoch körperlichen Atem geschult worden, so können wir zur Bewusstheit des Geistes, dem eigentlichen Hauptgebiet buddhistischer Praxis, kommen.

Die Empfindungen von Glück und Leiden, die im Zusammenhang mit körperlichen und geistigen Aktivitäten auftreten, sind, wie wir im ersten Kapitel gesehen haben, ein bestimmender Faktor in unserem Leben. Um sie zu erforschen und einen klugen Umgang mit ihnen zu entwickeln, wenden wir uns nun in der Sitzmeditation ihrer Vergegenwärtigung zu. In der buddhistischen Psychologie unterscheidet man angenehm-glückhafte, unangenehm-leidhafte und neutrale Empfindungen voneinander. Sie entstehen entweder aufgrund von Sinneswahrnehmungen, wie im Falle körperlicher Freuden und Schmerzen, oder aufgrund von Gedanken, wie bei Depression oder einem Hochgefühl. Empfindungen entstehen immer dann, wenn der Geist mit einem inneren Objekt wie einem Gedanken oder einem äußeren Objekt wie einem sichtbaren Gegenstand in Kontakt kommt, und sind deshalb jederzeit präsent. Aus dem ungeschulten Umgang mit Empfindungen entsteht aufgrund geistiger Verwirrungen viel Leid. Angenehme Empfindungen lassen leicht Begierde entstehen, und unangenehme Empfindungen führen oft zu Abneigung und Hass. Neutrale Empfindungen, die etwa dann entstehen, wenn uns etwas nicht interessiert, hinterlassen zumeist eine Tendenz zur Dumpfheit und Unwissenheit.

Um das Reiz-Reaktions-Muster dieser Art zu durchbrechen und mehr innere Freiheit zu erlangen, kommt die Achtsamkeit auf die Empfindungen zur Anwendung. Dabei üben wir uns darin, Empfindungen zu bemerken. Wer die Empfindungen bewusst wahrnehmen kann, gerät nicht so leicht unter die Kontrolle von Gier, Hass und anderen geistigen Verzerrungen, die zu Leid führen. Insbesondere wirkt es sich sehr hilfreich aus, dass bei genauer Beobachtung die Empfindungen sich als sehr flüchtig herausstellen. Der Buddha vergleicht sie mit Wolken. Auf jedes Glück folgt schon bald wieder Leid, und unangenehme Empfindungen lösen sich zumeist schon bald wieder auf, wenn man es zulässt und sich nicht darin verbeißt. Dadurch gewinnen wir Stabilität in den Wechselfällen des Lebens.

In der Sitzmeditation setzen Sie sich entspannt und würdevoll hin und richten Sie Ihre Aufmerksamkeit zunächst auf den Körper, um in der Gegenwart anzukommen. Danach folgen Sie einigen Atemzügen und beruhigen schon dadurch Ihre Gedanken. So wird es leichter, sich auf den Geist selbst zu konzentrieren. Auch wenn Sie nicht genau wissen, was der Geist ist, ziehen Sie Ihre Aufmerksamkeit von äußeren Dingen, auch vom Körper und dem Atem, ab und richten sich nach innen aus. Sie können zunächst auf die ständigen Gedanken achten, die schnell wechseln, und auf die generelle Bewusstheit in sich. Nun versuchen Sie, das Wesen der Empfindungen festzustellen. Lassen Sie zum Beispiel den Tag an Ihrem inneren Auge vorbeiziehen und beobachten Sie, welche Stimmungen in Ihnen aufgetreten sind. Mit was sind Sie in Kontakt gekommen, und welche Empfindungen hat das in Ihnen ausgelöst? Waren Sie glücklich oder deprimiert?

Ohne Bewertung werden wir uns der Empfindungen bzw. Stimmungen, die bei dieser Betrachtung in uns aufkommen, bewusst und richten unsere Aufmerksamkeit auf diese Aspekte unseres Geistes so aus, wie wir vorher auf körperliche Erscheinungen ausgerichtet waren. Es mag zunächst ungewohnt sein, den Blick nach innen zu richten, aber mit der Vertrautheit werden die im Geist vorhandenen Faktoren immer deutlicher hervortreten, so als ob man äußere Objekte mit dem Zoom in den Fokus nimmt. Versuchen Sie dabei nicht, den Geist mit Anstrengung von Stimmungen frei zu machen. Empfindungen von Glück, Trauer, Sorge und Vergnügen ziehen an unserem geistigen

Auge vorbei, ohne dass wir ihnen folgen oder sie ab-
lehnen. Wir werden dabei die wandelbare Natur aller
Empfindungen wahrnehmen können. Diese Erkenntnis bewirkt, dass wir alle Zustände wieder ziehen lassen können, ohne daran festzuhalten. Nehmen Sie
jede Erfahrung ohne Urteil an, so wie sie ist, und beobachten Sie, wie sie sich verändert, stärker und schwächer wird. Wenn Sie abgelenkt sind, bemerken Sie das
mit Selbstbeobachtung und kehren unmittelbar zu
der Beobachtung der Empfindungen mit Vergegen-
wärtigungskraft zurück. Allmählich wird der Geist
ohne inneren Kampf von selbst zur Ruhe kommen.
Die Wellen glätten sich, und Sie können genauer hin-
schauen. In der letzten Minute der Meditation versuchen Sie wiederum, besonders aufmerksam bei dem
Objekt des inneren Stromes der Empfindungen zu
bleiben, und beenden Sie dann langsam die Sitzung,
indem Sie sich wieder des Atems bewusst werden,
danach den Körper und die Außenwelt wahrnehmen
und sich langsam erheben.

Im Alltag können wir uns auch unserer Empfindungen bewusst bleiben. Wenn wir beispielsweise etwas
Gutes essen oder einen Freund treffen, können wir die
angenehmen Empfindungen, die aufgrund unserer
Konzepte entstehen, genießen.

DIE VERGEGENWÄRTIGUNG
DER GEDANKEN UND EMOTIONEN

Abschließend richten wir uns auf das nächste der vier Objekte der Vergegenwärtigung, nämlich auf unsere Gedanken und Emotionen aus. Gerade der moderne Mensch ist oft völlig von seinen Gedanken besessen, die er kaum beherrschen kann. Er identifiziert sich mit dieser ständig arbeitenden »Gedankenfabrik« aus Hoffnungen und Ängsten über die Zukunft und belastenden Erinnerungen und Schuldgefühlen aus der Vergangenheit. Wir verketten planlos Gedanken miteinander, ohne dabei zu Lösungen zu kommen. Dabei wird unsere Sicht auf die Dinge und Erfahrungen von festen, oft unrealistischen Selbstbildern und Projektionen sehr stark eingeengt und belastet. Der Geist »kocht« oft über vor verwirrten Emotionen, die zu destruktiven Handlungen und sehr viel Leid führen. Wir können kaum im Sein des gegenwärtigen Momentes unsere tiefere und freie innere Natur erleben. Durch die starke Gedankentätigkeit fühlen wir uns auch oft von unseren Mitmenschen und der Außenwelt getrennt und isoliert, was zu weiteren psychischen Belastungen führt.

Bei der Meditation der Vergegenwärtigung der Gedanken und Emotionen gehen wir wieder ähnlich vor.

Wir richten uns in einer angenehmen Sitzhaltung ein und fokussieren uns zunächst auf den Körper, dann auf den Atemstrom. Nun richten Sie in einem schon beruhigteren Geisteszustand Ihre Aufmerksamkeit auf Ihre Gedanken aus. Wir beobachten das Denken in Form von Begriffen und inneren Bildern, das sich in Erinnerungen und Plänen, Fantasien, Hoffnungen und Ängsten und den dadurch ausgelösten Emotionen zeigt.

Wir werten nicht, sondern lassen diese Erscheinungen ohne Be- oder gar Verurteilung an unserem inneren Auge vorbeiziehen. Liebevoll lassen wir allem Raum, aber verstricken uns nicht darin, sondern nehmen die Position des reinen Beobachters ein. Alles darf da sein, doch wir halten uns nicht daran fest, sondern lassen es sich wieder auflösen. Es ist, als ob man an einem Wasserlauf steht und den Wellen aufmerksam zuschaut, die kommen und gehen, ohne allerdings bewusst einzugreifen. Die Wellen werden dann von allein schwächer werden. Wir können den Gedanken innerlich einen Namen wie »Planen«, »Erinnern« etc. geben, als ob man ihnen einen Zettel aufkleben würde. Sie werden beobachten, wie sich nunmehr die Gedanken ständig wandeln, stärker werden und sich wieder auflösen. Wenn Sie abgelenkt sind, bemerken Sie das mit der Selbstbeobachtung, kehren vielleicht nochmals zu Ihrem Anker in der Atembeobachtung zurück, um sich dann wieder auf die Identifizierung der Gedanken auszurichten. Während wir im »Jetzt« des Beobachters verankert sind, kann die Erfahrung entstehen, dass der beobachtende Geist wie ein weiter Himmel ist und die Gedanken wie Wolken, die durch den leeren Raum ziehen und sich wieder auflösen. Niemals können diese Zustände die Weite und Transparenz des Geistes behindern, so wie die Wolken niemals die Natur des Himmels wirklich aufheben können, der immer weit und offen bleibt, egal was sich darin abspielt. Damit bekommen wir eine Vorstellung von der nicht materiellen, klaren und erkennenden Natur unseres Geistes, die auch dann immer vorhanden ist, wenn angenehme und unangenehme Gedanken durch ihn hindurchziehen. Wenn es etwas gibt, was unsere Gedanken beobachten kann, so ist es der beobachtende Geist, der nicht identisch mit den Gedanken und davon völlig unberührt ist. Man kann diese Sphäre auch die »Buddha-Natur« nennen. Aus diesem zugrunde liegenden Wesen des tieferen Geistes steigen die verschiedenen wandelbaren Gedanken und Emotionen auf und vergehen wieder, ohne diese Natur jemals wirklich verunreinigen zu können. Versuchen Sie sich einmal mehr mit dieser himmelsgleichen Natur des beobachtenden Geistes zu identifizieren und weniger mit dem Strom der Gedanken Ihrer persönlichen Konzepte, die kommen und gehen, so wie ein großes Schiff durch die Wellen pflügt, ohne davon sehr beeinflusst zu werden. Ein weiteres Bild für diesen Bewusstseinszustand ist es, dass man sich vorstellt, wie die Sonne zu sein, die immer vorhanden ist, auch wenn Wolken sie verdecken. Kämpfen Sie bei dieser Meditation nicht gegen destruktive Gedanken an und beurteilen Sie sie nicht einmal, sondern lassen sie einfach wieder gehen und ruhen im Beobachter. Vielleicht erhalten Sie dabei eine Ahnung von einem tiefen Frieden, der innewohnenden Freiheit und des unermesslichen und überpersönlichen Potenzials des Geistes. Da sind zwar verwirrende Gedanken in uns, aber als Beobachter können wir in unserer Mitte ruhen, wie im Auge eines Orkans, und dort eine Heimat finden. Obwohl die Störungen keineswegs überwunden sind, wie es im Zustand des Nirwanas eines Erleuchteten der Fall ist, können sie uns kaum noch beeinflussen, da wir uns nicht damit identifizieren und sie als Wolken betrachten und wieder ziehen lassen.

In der letzten Minute der Meditation bemühen Sie sich erneut noch einmal intensiv um die Aufmerksamkeit auf die Gedanken, aus der Perspektive des bloßen Beobachters. Dann werden Sie sich wieder des Atems und schließlich des Körpers und auch der äußeren Welt gewahr, öffnen Ihre Augen, lockern Ihre Glieder und nehmen die Kraft dieser Erfahrung von Zentriertheit und Freiheit mit in den Alltag.

Gelingt es uns auch im Alltag, unsere Gedanken und Emotionen bewusst wahrzunehmen, können wir auf dieser Grundlage sie zunächst ohne Anwendung von Gegenmitteln einfach wieder gehen lassen. Stellen wir fest, dass negative Motivationen wie Stolz, Habsucht, Frustration oder Wut auftreten, von denen wir wissen, wie destruktiv sie sind, können wir das möglichst frühzeitig bemerken und nicht zur Auswirkung in sprachlichen und körperlichen Verhalten schädlicher Art, wie etwa der *Zehn Unheilsamen Handlungen*, kommen lassen. Der große indische Meister Shantideva empfiehlt in diesem Fall, einfach wie ein Stück lebloses Holz zu bleiben und diese Zustände vorbeigehen zu lassen. Wir verdrängen diese Zustände nicht, sondern nehmen sie bewusst wahr. Wir lassen sie aber nicht unseren Geist und unser Leben beherrschen, sondern lassen sie wieder los. Dadurch kommt es nicht mehr so häufig zu leidvollen Verstrickungen im Umgang mit anderen Menschen, sondern mehr zu konstruktivem Verhalten.

Die Meditationen der Vergegenwärtigung können auch, aufeinander aufbauend, innerhalb einer Meditationssitzung praktiziert werden. Dabei geht man etwas zügiger durch die Bewusstheit auf den Körper und Atem hindurch, kommt damit mehr in die Gegenwart und beruhigt den Geist von überflüssigen Gedanken, um dann den Geist selbst in Form von Empfindungen und Gedanken in den Fokus zu nehmen.

DIE VERGEGENWÄRTIGUNG DER EIGENSCHAFTEN ALLER PHÄNOMENE

Haben wir gelernt, unseren eigenen Körper und Geist stets bewusst wahrzunehmen, können wir diese Aufmerksamkeit auch auf alle äußeren Objekte und Geschehnisse übertragen. Materielle Gegenstände, der Körper, Empfindungen und die Gedanken anderer Personen werden uns bewusst, und wir können sie so einschätzen, wie sie wirklich sind. Das letztliche Ziel der Praxis von Satipatthana für einen Buddhisten ist es, die eigentliche Natur aller inneren und äußeren Phänomene so wahrzunehmen, wie sie ist, um damit die Unwissenheit als Quelle aller Leiden durch die Weisheit zu überwinden. Der Buddha lehrte in dem Zusammenhang, dass alles Entstandene vergänglich ist und alles, was unter dem Einfluss von Unwissenheit steht, nicht befriedigend sein kann. Auch haben alle Phänomene inklusive uns selbst kein Eigenwesen, sondern können nur in Beziehung zu anderen existieren. Die Praxis der Vergegenwärtigung führt letztlich in der unmittelbaren Erfahrung zu diesen Erkenntnissen. Diese Erfahrung des sogenannten »abhängigen Entstehens«, dass alle Phänomene nur wie in einem Netzwerk gegenseitiger Beziehung, insbesondere auch zu den Interpretationen des Subjektes existieren, ist das Gegenmittel gegen alle Störungen des Geistes und führt zu dauerhaftem Frieden.

Wir wollen im Folgenden betrachten, wie man aufbauend auf einer Beruhigung des Geistes durch Achtsamkeitsmeditationen, die ohne direkte Gegenmittel und Urteile mit den Verwirrungen des Geistes umgehen und sie durch bloße Beobachtung schwächen und beherrschbar machen, übergeht zu Meditationen, die als das direkte Gegenmittel gegen diese Störungen fungieren und in der Lage sind, diese Verwirrungen nicht nur zu beruhigen, sondern zu überwinden. Dazu werden wir uns im folgenden Kapitel mit der Praxis der Meditationen, unter Verwendung positiver Emotionen als Gegenmittel, gegen destruktive Emotionen beschäftigen.

WIE KOMME ICH MIT MEINEN EMOTIONEN KLAR?

DIE KRAFT DER EMOTIONEN

Auf unserem Lebensweg ist die Konditionierung unserer Gedanken der Schlüssel zu Glück und Gelassenheit. Die Emotionen spielen dabei die Hauptrolle. Der Buddha lehrte in seiner ersten Lehrrede über die *Vier Edlen Wahrheiten*, dass sowohl die Ursachen von Glück als auch von Leiden im Wesentlichen in positiven bzw. negativen Emotionen bestehen. Sie sind buchstäblich das, was uns bewegt; im Guten wie im Schlechten. Der Begriff der Emotion leitet sich von dem italienischen Wort »emovere« ab, was so viel bedeutet wie »herausbewegen, emporwühlen« und im Französischen zu »emotion« wurde, was »bewegen, erregen« heißt. Diese psychischen Zustände gehen mit starken physiologischen Erregungen einher, stecken uns sozusagen in den Knochen und überfallen uns geradezu. Der Körper reagiert auf unsere Gedanken, als würden wir das, was wir uns vorstellen, wirklich erleben. Die Grundemotionen der Menschen scheinen entsprechend der Studien von Paul Ekman überall auf der Welt übereinzustimmen und werden ähnlich mimisch ausgedrückt. Auch beurteilen die Menschen auf unserem gesamten Planeten einige Emotionen wie etwa den Ausdruck von Empathie durchgehend positiv und andere wie etwa den Hass negativ.

In den letzten beiden Kapiteln haben wir betrachtet, wie man günstige innere und äußere Bedingungen für die Meditation schafft und den Geist mithilfe der Achtsamkeit sammelt. Im Falle des bloßen Betrachtens kann man sich dem Einfluss negativer Emotionen entziehen und sie nicht zur Auswirkung kommen lassen. Nun folgt der nächste Schritt: Unter Anwendung von Gegenmitteln können wir innerhalb von Meditationen direkt negative Einstellungen auflösen und positive Perspektiven und Gewohnheitsmuster einüben. Ist der Mensch von der größten materiellen Not befreit, sollte der Kampf gegen die inneren Feinde, also gegen die negativen Emotionen, seine wichtigste Aufgabe werden. Oft werden Leiden der Menschen nicht durch materielle Not, sondern in völlig überflüssiger und tragischer Weise von den Menschen selbst durch die mangelnde Kultivierung der Emotionen ausgelöst.

Weil sie so bedeutsam für unser Leben sind, wollen wir zunächst die Natur der Emotionen und ihre Entstehung betrachten.

Nehmen wir einmal an, wir sitzen ganz entspannt allein in einem Café und lassen die Seele baumeln. Wir verweilen dann in einem Zustand bloßer Wahrnehmung und können einfach einmal »da sein«, ohne besondere Pläne zu schmieden oder Aufgaben erledigen zu müssen. Ein solcher Zustand der Muße ist gerade in unserer schnelllebigen, stressigen Zeit mit all ihren engen Terminplänen sehr wichtig. Muße bedeutet, ganz wach zu sein, ohne sich speziell mit einer Aufgabe, die es zu erledigen gilt, zu beschäftigen. Wir können dabei auch auf einer Wiese unter einem Baum liegen und in den Himmel schauen. Alle großen Genies waren sich der Bedeutung der Muße für die innere Hygiene und für die Kreativität bewusst. So lautet es in einem Gedicht von Goethe: »Ich ging im Walde so für mich hin, und nichts zu suchen, das war mein Sinn.« In einem solchen Geisteszustand kommen alle Dinge an ihren Platz, weil wir nicht immer neue Informationen in uns hineinstopfen. Wir können frühere Eindrücke verarbeiten, und es bildet sich etwas Neues daraus. Wir wissen, was es körperlich bedeutet, wenn wir unter Verstopfung leiden. Tatsächlich verfügt man dann nur über wenig Energie. Geistig aber sind wir heutzutage fast immer überfüllt, sozusagen vollgestopft von Neuigkeiten, Meinungen und Eindrücken. Daraus erklärt sich auch die große Bedeutung des Schlafes. Aus neurowissenschaftlicher Sicht werden im Schlaf vor allem Erfahrungen geordnet, die in der Wachphase gemacht wurden, und überflüssige Informationen beseitigt. Können wir auch nur ein paar Tage einmal nicht schlafen, werden wir verrückt. Kleinkinder brauchen viele Stunden Schlaf hintereinander, während sich ihr Gehirn dabei ausbildet. Und wir fühlen uns nach einem tiefen, langen Schlaf erfrischt und unternehmungslustig. In der Muße geben wir uns auch einmal der Ruhe hin und lösen uns von allen Aufgaben, ohne aber dabei das Bewusstsein zu verlieren. Wir folgen, ähnlich den Übungen der Achtsamkeit, im Alltag einfach dem, was gerade geschieht. Wir trinken etwa bewusst einen Kaffee und genießen die Atmosphäre an einem schönen Ort, ohne uns allzu viele Gedanken zu machen. Wir sind dann in Kontakt mit unserem tieferen Geist, der jenseits der Konditionierungen unserer Alltagspersönlichkeit im Beruf und der Familie liegt. Deshalb ist diese Zeit auch so erholsam und führt erstaunlicherweise zu neuen kreativen Einsichten über unser Leben oder auch zu Lösungen von Problemen im Berufsleben. Erfolgt aber plötzlich ein Reiz, der unsere Aufmerksamkeit auf sich zieht, etwa indem ein uns näher bekannter Mensch den Raum betritt, ändert sich alles. Sofort verlassen wir den Zustand bloßen Betrachtens, und wir gleichen den Reiz mit unseren Vorerfahrungen in Bezug auf diese Person ab. Wir erinnern uns an frühere Wertungen und Wahrnehmungen: Mögen wir diese Person und verbinden sich positive Emotionen mit ihr? Oder lehnen wir sie ab und verspüren negative Emotionen, vielleicht sogar Furcht und Ärger? Damit haben wir den Zustand der bloßen Betrachtung verlassen. Der Geist verliert seine Ruhe, Hoffnungen und Ängste prägen sich aus. Wir neigen aus egozentrischen Erwägungen dazu, jemanden dahingehend zu beurteilen, ob er uns scheinbar nützt oder schadet. Unsere vorgefassten Reaktionen konstruieren jetzt wieder die Welt, wie sie unseren gewohnten Vorlieben und Abneigungen entspricht. Dabei entstehen starke Emotionen immer dann, wenn uns etwas besonders bedeutsam erscheint. Haben wir in der Vergangenheit eine Person oder ein anderes Objekt als für uns wichtig eingeordnet, empfinden wir starke Emotionen. Andere Leute dagegen reagieren nicht auf diese Reize, weil die Objekte oder Personen ihnen gleichgültig sind. Kritisiert uns etwa eine Person, die uns bedeutend für unser Wohlergehen erscheint, sind wir sehr betroffen, vielleicht traurig oder ärgerlich. Im Falle von Anerkennung dagegen erleben wir Freude und Euphorie. Die Emotionen gegenüber einem Objekt sind nicht vorgegeben, sondern abhängig von unseren Urteilen. »Gut und schlecht entsteht im Kopf«, lässt Shakespeare Macbeth sagen. So empfindet etwa ein großer Teil der Männerwelt starke Emotionen, wenn ihr Fußballteam gewinnt oder verliert, während anderen diese Tatsache ganz gleichgültig ist.

DIE FUNKTION DER EMOTIONEN

Selbstverständlich haben Emotionen eine wichtige Funktion. Unser Wahrnehmungsapparat ist nicht dafür gemacht, die Realität objektiv wiederzugeben. Wir erleben sie subjektiv als Ergebnis unserer Evolution. Unsere Vorfahren hätten wohl kaum überlebt, wenn sie nicht auf Gefahren – etwa durch ein wildes Tier wie einen Säbelzahntiger – mit großer, spontaner Abneigung und Angst reagiert und in Bezug auf mögliche Nahrungsquellen nicht intensive Begierde empfunden hätten. Unter den Bedingungen der Vorzeit kam es in solchen existenziellen Situationen darauf an, schnell und ohne den Zeitverlust intensiver Reflexion und Abwägung auf die Umwelt zu reagieren. Insofern haben wohl alle starken Emotionen ursprünglich ihre Berechtigung.

Reagieren wir aber heute in der modernen, globalisierten Gesellschaft mit solchen archaischen Reiz-

Reaktions-Mechanismen, ist das sehr undifferenziert und aufgrund von Fehl- und Vorurteilen die mögliche Quelle für Konflikte. Sie zeigen sich in der Anfälligkeit für Diffamierungen, Diskriminierungen, Nationalismus und Rassismus gegenüber fremden Gruppen. Insbesondere, wenn Menschen sich ausgegrenzt oder anderweitig bedroht fühlen, neigen Sie aufgrund Ihrer starken Bedürftigkeit nach Anerkennung zunächst zu aggressiven Emotionen. Kommt es zu keiner Lösung der Situation, folgen oft gewaltsame Reaktionen. Ähnliche Verhaltensmuster zeigen auch ganze Länder, und sie sind die Ursache für Kriege, Ausbeutung und Umweltverschmutzung. In einer militärisch so hochgerüsteten Zeit wie der unsrigen wird es immer unverzichtbarer, dass die emotionale Kultivierung der Menschheit mit ihren technischen Möglichkeiten Schritt hält. Auch das öffentliche Klima in den sozialen Netzwerken wird von der emotionalen Reife ihrer Benutzer geprägt werden und zu entsprechenden positiven oder negativen Folgen führen.

YES WE CAN

Die gute Botschaft ist, dass Emotionen nicht vom Himmel fallen, sondern durch evolutionäre und individuelle Prägung entstehen und deshalb auch wieder verändert, quasi überschrieben werden können. Auch die sogenannte positive kognitive Psychotherapie wendet diese Erfahrung an. Beginnt eine Person mit emotionalen Problemen eine Therapie, geht es zumeist erst einmal darum, die gegenwärtigen Emotionen und die dahinterstehenden Bedürfnisse wahrzunehmen und bedingungslos anzuerkennen. In einem zweiten Schritt wird es aber notwendig sein, den Klienten zu fragen, ob ihm seine Sicht der Dinge, die seinen Emotionen zugrunde liegen, nützlich ist und ob sie den Fakten angemessen erscheint. Kommt man überein, dass die quälenden, leidvollen Emotionen auf falschen begrifflichen Konzepten über die Realität beruhen und dadurch das Leiden verursachen, kann man sich daranmachen, sie umzukonditionieren. Dabei können neue Sichtweisen und damit neue emotionale Abläufe eingeübt werden. Negative Emotionen entstehen zunächst im Kopf aufgrund von begrifflichem Denken. Die Konzepte unseres Denkens aber sind in ihrer Natur so beschaffen, dass sie Inhalte aus dem Zusammenhang herausreißen und künstlich von anderen trennen. Sie beruhen auf Täuschungen über die Natur der Wirklichkeit, in der alles miteinander verbunden ist. Bei aller Nützlichkeit korrekter Konzepte – etwa in der Wissenschaft und Philosophie – haben sie doch keinen direkten Zugang zur Wirklichkeit, wie etwa unmittelbare Wahrnehmungen. Auch die buddhistische Psychologie beruht auf der Überzeugung von der Wandlungsfähigkeit des Menschen, die fast schrankenlos ist, wenn man die entsprechenden Übungen kennt. Einen Lama hörte ich seinen Schülern einfach zurufen: »I know you can change«. Im Übrigen sind einige unserer Emotionen bereits sehr positiv. Wir können auf der Empathiefähigkeit des Menschen aufbauen und seinen Willen zur Kooperation und Freude am Wohlergehen anderer Menschen voraussetzen. Negative Emotionen beruhen eher darauf, dass sie aus nicht mehr zeitgemäßen Zusammenhängen stammen oder es tatsächlich zu Störungen in der emotionalen Entwicklung eines Menschen gekommen ist.

DIE INNEREN FEINDE

Die negativsten Emotionen nennt man im Buddhismus traditionell »Leidenschaften«. Man unterscheidet dabei etwa 6 Haupt- und 20 Nebenleidenschaften, die genau definiert und erläutert werden. Das Studium dieser Geistesfaktoren ist sehr hilfreich, um sie im eigenen Geist zu erkennen und damit zu arbeiten. Gerade für Schulkinder wäre es fast zwingend notwendig, sie frühzeitig erkennen und überwinden zu lernen. Es handelt sich dabei um Geisteszustände, die auf Projektionen über die Wirklichkeit beruhen und sich in einem sehr

unruhigen und undisziplinierten geistigen und körperlichen Verhalten zeigen. Dazu kommt die Neigung,
anderen Schaden zuzufügen. Sie wirken sich auch
auf den Körper geradezu toxisch aus, indem sie ihn
in ein Ungleichgewicht versetzen und den Energiefluss
durcheinanderbringen. Das gilt auch für solche Leidenschaften wie etwa die Begierde, die zunächst gar
nicht so unangenehm erscheint, aber doch langfristig
besonders viel Leiden mit sich bringt. Sogar die westliche, mehr materialistisch ausgerichtete Medizin hat
die Leidenschaften mittlerweile als Gefahr für die Gesundheit erkannt. Alle Leidenschaften beruhen auf
der Unwissenheit, insbesondere auf falschen Vorstellungen über uns selbst. Unter diesem zugrunde liegenden Einfluss übertreibt man die positiven und negativen Sichtweisen auf Personen und Objekte. Dadurch
kommt es zu Begierde und Hass. Damit sind die drei
sogenannten *Geistesgifte* von Unwissenheit, Hass und
Gier entstanden, die nach Aussage des Buddha der
Ursprung allen Leidens der eigenen Person und der
Gesellschaft sind. Sie führen zu vielen weiteren gestörten Emotionen wie etwa Neid, Geiz, Stolz etc.
Dieses gestörte geistige Verhalten bricht sich in unmo-
ralischem Verhalten Bahn, das bis zum Lügen, Stehlen
und Töten gehen kann. Und dieses unethische Verhalten seinerseits schadet direkt anderen. Über die kar-
mische Konditionierung fällt das Verhalten auch auf

einen selbst zurück. Die Überwindung der Leidenschaften nennt man im Buddhismus »Nirwana«. Das heißt nicht, dass man keine Emotionen mehr hat und wie tot ist, sondern es geht dabei um die Überwindung der gestörten Formen der Emotionen.

Wir besitzen aber das Potenzial, uns zu freundschaftlichen, friedlichen und freundlichen Personen zu entwickeln, wie wir im nächsten Kapitel erfahren.

DIE INNEREN FREUNDE ALS HEILMITTEL

Auf unserem spirituellen Pfad können wir positive Emotionen als Quelle für Glück und Wohlergehen entwickeln. Sie sind die eigentliche Essenz jeder Spiritualität und die Grundlage der Hoffnung auf eine bessere Welt. Der Dalai Lama sagt gelegentlich, dass er seine Aufgabe vor allem darin sieht, positive Emotionen zu verbreiten. Das ist letztlich das Ziel des Buddhismus und kann von jedem Menschen praktiziert werden. Es ist zunächst notwendig, mithilfe von Achtsamkeitstechniken im Umfeld guter meditativer Umstände die Selbstwahrnehmung zu schärfen. Dabei zeigen sich Emotionen deutlich, die man zunächst alle bedingungslos annimmt. Durch die Praxis des bloßen Betrachtens kann man auch negative Emotionen nicht zur Auswirkung kommen lassen, indem man sie wie-

der gehen lässt und eine gewisse Selbstregulation gewinnt. Mittels dieser Technik allein werden die Leidenschaften aber noch nicht beseitigt, sondern nur
zur Ruhe gebracht. Das Vorgehen ähnelt dem Rasen-
mähen. Die unerwünschten Zustände wachsen wieder
nach. Deshalb ist es auch notwendig, gezielt Gegenmittel gegen gestörte Emotionen anzuwenden, indem
man ihre Gegenteile kultiviert. In wohl allen spirituellen Traditionen schätzt man daher die Genügsamkeit
als Gegenmittel gegen Begierde, die Geduld und das
Mitgefühl als das Gegenteil des Hasses, die Beschei-
denheit als Kontrapunkt zum Stolz, die Mitfreude als
Waffe gegen den Neid und die Freigebigkeit als Heilung des Geizes. Wenn der Geist kultiviert wird, entwickeln sich aus der Tiefe der eigenen Natur heraus
wunderbare emotionale Zustände tiefen Daseinsglü-
ckes, das nicht von außen beeinflusst werden kann.
Das universelle Gegenmittel ist speziell aus buddhistischer Sicht die Weisheit, die in der Lage ist, die falsche
Sicht der eigenen Person und aller Phänomene zu überwinden und damit allen Leidenschaften den Boden zu
entziehen. Das ist so, als ob man einen Baum mit gif-
tigen Früchten nicht nur beschneiden würde, sondern
ihn mit der Wurzel ausreißt. ·

Im Folgenden wollen wir uns der Übung einiger dieser
Heilmittel in der Meditation zuwenden. Diese analy-

tischen Meditationen gewinnen aber nur dann die Kraft, tief verwurzelte falsche Konditionierungen und Prägungen aufzulösen, wenn sie auf der Basis eines konzentrierten Geistes durchgeführt werden. Die Emotionen beruhen auf so tiefer und langfristiger Prägung, dass nur eine Neubetrachtung der Situation, die uns ebenfalls emotional erreicht, diese wirklich verändern kann. Ein bloßer Gedanke, der nicht in einem hoch konzentrierten Geist erfolgt, kann keine Veränderung der Persönlichkeit bewirken. Werden aber in einer zutiefst konzentrierten Meditation positive Emotionen eingeübt, führen sie nach einiger Zeit ebenfalls zu einer Automatisierung und werden zu völlig natürlichen Charakterzügen. Wir kommen deshalb zunächst zu der Übung der konzentrativen Meditation (Shamatha), bevor wir uns in diesem Kapitel noch der Geduld und Genügsamkeit zuwenden.

KONZENTRATIONSSCHULUNG

Jede effektive und hilfreiche Tätigkeit des Menschen beruht auf der korrekten Erkenntnis von Sachverhalten in einem möglichst konzentrierten Geisteszustand. Eine von Ethik geprägte gute Motivation gibt dieser Haltung die Richtung an. Um zum Beispiel die Buddha-Bilder in einem Tempel betrachten zu können, bedarf es des Lichtes etwa einer Kerze, und außerdem sollte diese Lichtquelle nicht im Wind stehen und flackern, damit wir die Bilder klar und unverzerrt sehen können.

DAS WESEN UND DIE VORZÜGE DER KONZENTRATION

Wenn wir negative, leidbringende Emotionen, die auf einer fehlgeleiteten Intelligenz beruhen, abbauen und positive Einstellungen entwickeln wollen, ist es zunächst notwendig, sich auf etwas zu konzentrieren und sich in eine positive Stimmung zu bringen. Konzentration verstärkt die schon besprochene Fähigkeit zur Vergegenwärtigung. Bei intensiver Übung ist es möglich, schrittweise den Zustand geistiger Ruhe (Sanskrit: Samatha) zu erlangen, der, so lange man möchte – völlig mühelos – auf einem Objekt verweilt. Mit jeder Stufe auf diesem Weg wird der Geist ruhiger und von einer inneren Glückseligkeit erfüllter. Alles, was man mit dieser Fähigkeit unternimmt, wird sehr effektiv sein. Es ist vergleichbar damit, dass gebündeltes Licht als Laser kraftvoller ist als zerstreutes Licht und ein Wasserkraftwerk davon profitiert, dass ein See nur einen Ausfluss hat, an dem sich die Energie zentriert. Die Konzentration verstärkt auch das Erinnerungsvermögen, sodass man keine Merkzettel mehr braucht, um sich an etwas zu erinnern. Körper und Geist erlangen eine Flexibilität und Mühelosigkeit, die der psychischen und physischen Gesundheit sehr zuträglich sind. Das könnte auch für die westliche Heilkunst nützlich sein. Der letztliche spirituelle Nutzen der Konzentration aber ist, dass sie die Grundlage für eine kraftvolle Umformung der Persönlichkeit bildet. Richtet man sich nämlich möglichst unabgelenkt auf positive Emotionen und Einsichten in der analytischen Meditation, werden dadurch entsprechend tiefe neue Prägungen hinterlassen und frühere negative Sichtweisen neutralisiert. Die Meditation kann wirklich vom Kopf in das Herz gelangen, was ohne Konzentration – allein durch intellektuelle Einsicht – nicht möglich ist.

SCHRITTE ZUR MOTIVATION

Erfassen wir diese Vorzüge einer solchen Meditationsform, entsteht daraus Vertrauen. Vertrauen bedeutet, dass man hervorragende Eigenschaften auch als solche akzeptiert. Vertrauen ist der Einstieg in jede starke Motivation und die Grundlage aller Qualitäten wie beispielsweise Mitgefühl, Dankbarkeit, Weisheit. Aufbauend auf dem Vertrauen entwickelt sich ein Streben, etwas Vorteilhaftes nicht nur zu bewundern, sondern anzustreben, es selbst zu verwirklichen. Wenn man mit großer Hingabe sich so an eine wertvolle Tätigkeit wie etwa diese Meditation macht, entstehen daraus Freude und Tatkraft. Übt man über längere Zeit mit Freude, werden Körper und Geist zunehmend mühelos und flexibel in ihren Tätigkeiten, ein Zustand, den man oft »Flow« nennt. Man kann in diesem Zustand selbstvergessen hervorragende Leistungen vollbringen. Die vier Schritte: Vertrauen, Streben, Tatkraft und Flow lassen sich bezüglich der Entwicklung einer starken Motivation auf alle Tätigkeitsbereiche – auch im beruflichen Leben – übertragen. Sie überwinden damit auch die Faulheit, die keine Freude an der heilsamen Tätigkeit hat.

DIE EIGENTLICHE ÜBUNG

Die schon im dritten Kapitel genannten günstigen Umstände für die Meditation sind gerade bei der Entwicklung von Konzentration besonders wichtig. Eine achtsame und ethische Lebensführung ist die Grundlage für tiefere Erfahrungen. Ein genügsamer und zufriedener Lebensstil sind unverzichtbar, um den Geist zunächst oberflächlich zu beruhigen. Darüber hinaus muss das Wissen über die Durchführung der Übung vorhanden sein. Als Übungsort wählt man, insbesondere bei dieser Schulung, einen ruhigen und abgeschiedenen Ort, da jeder Lärm die Versenkung stört wie ein Stachel. Man enthält sich auch jeder Geschäftigkeit.

Eine korrekte Meditationshaltung ist förderlich für die Harmonisierung des Energiesystems.

Um den Geist zu Beginn der Meditation zu beruhigen, ist es wiederum nützlich, ihn eine Zeit lang auf den Atem zu richten.

Hat sich unter dem Einfluss all dieser Umstände der Geist etwas beruhigt, wird er nun auf das Meditationsobjekt der Konzentrationsschulung gerichtet, für das man sich vor Beginn der Übung entschieden hat. Eine Vielzahl von Objekten ist als Grundlage der Fähigkeit denkbar, den Geist ungestört und klar auf etwas auszurichten. Es empfiehlt sich, ein attraktives Objekt zu nehmen, weil es dann angenehmer ist und leichter fällt, sich damit zu beschäftigen. Das kann eine Blume sein, ein Licht, ein Buchstabe oder auch ein Geisteszustand, wie etwa die Klarheit des Geistes selbst. Vorteilhaft ist es, sich auf etwas Heilsames zu konzentrieren, weil es gute Eindrücke hinterlässt und es einem leichter fällt, sich zu konzentrieren. Buddhisten ziehen deshalb die körperliche Erscheinung eines Buddha vor, wie wir sie auf Bildern und als Statuen sehen können. Als Christ ist es sicher auch möglich, sich Jesus Christus als den Auferstandenen vorzustellen. Man schaut sich dazu vor der Meditation zunächst entsprechende bildliche Vorlagen genau an und prägt sie sich ein. In der eigentlichen Meditation stellt man sich dieses Objekt dann geistig vor, als wäre zum Beispiel der Buddha wirklich anwesend, das heißt, man visualisiert es vor sich im Raum. Im Falle des Buddhas können wir uns seinen Körper wie eine Art Hologramm aus Licht eine Armspanne vor uns im Raum vorstellen. Es ist dabei zunächst ausreichend, eine allgemeine Vorstellung ohne allzu viele Details hervorzubringen. Nun bemüht man sich, das Objekt im Geist stabil gegenwärtig zu halten und nicht zu verlieren. Wann immer der Geist das Buddha-Bild verliert – was am Anfang ständig vorkommt –, bemerkt man das mit Selbstbeobachtung und ruft es sich wieder mit der Kraft der Vergegenwärtigung ins Gedächtnis zurück. Auch wenn das Objekt sich verändert, größer oder kleiner wird oder die Farbe und Perspektive spontan wechselt, ist es nötig, immer zum Ausgangspunkt zurückzukehren. Zu Beginn ist die Stabilität des Geistes entscheidend, also die Fähigkeit, das Objekt nicht zu verlieren, nicht so sehr die klare Erscheinung. Im Verlauf eines in den Lehrschriften präzise dargelegten Prozesses über neun Stufen mit fünf Fehlern und acht Gegenmitteln wird zunehmend eine vollkommene Stabilität und auch klare Erscheinung möglich sein. Da der Geist zu Beginn der Übung noch keine große Kraft besitzt, ist es effektiver, kurze Sitzungen von fünf bis zehn Minuten abzuhalten. Das wird sich am Morgen sehr gut auf den Alltag auswirken und sollte möglichst zu einer Gewohnheit werden. Sie werden bemerken, dass Ab-

lenkung durch Wünsche und Begierden und die Dumpfheit und Schläfrigkeit aufgrund mangelnder Motivation die Haupthindernisse darstellen. Sie halten den
Geist abwechselnd von der Stabilität und der Klarheit
ab. Beiden Fehlern wird mit Selbstbeobachtung, die
die Hindernisse frühzeitig bemerkt, und der Vergegenwärtigung, die die Meditation ins Bewusstsein zu-
rückholt, entgegengewirkt. Wenn eine gewisse Bemühung um eine erhöhte Aufmerksamkeit nicht zum
Ziel führt, machen Sie gern zwischendurch eine Pause,
wenn Sie merken, dass sich ein Gefühl von Dumpfheit
einstellt. Wenn sich unter dem Einfluss der Begierde
der Faktor der Erregung des Geistes einstellt, bedenken
Sie die Vergänglichkeit aller Erscheinungen und des
eigenen Lebens. Das ist ein starkes Mittel gegen die
Ablenkung des Geistes zu äußeren Dingen.

Wenn man diese Übung regelmäßig durchführt,
ohne sich dabei zu überfordern, wird der Geist zunehmend fokussiert, klar, anstrengungslos und von Freude
erfüllt.

Diese Konzentration können Sie dann auf alles Mögliche übertragen, und Sie werden so große Fortschritte
machen können. Sollten Sie von den traditionell gelehrten neun Stufen auch nur die 3. oder 4. Stufe erreichen, auf der der Geist während der Sitzung länger
auf dem Objekt ruht, als dass er abgelenkt ist, ist das
schon eine hervorragende Grundlage für andere Übun-

gen. Das gibt unserem Leben eine ganz neue Qualität der Ruhe, Gelassenheit und Effektivität. Wenn man die Zeit dazu hat, kann man sich auch in eine Art Klausur begeben und einmal mehrere Tage in vielen Sitzungen an dieser Fähigkeit arbeiten.

Hat unsere Kraft der Achtsamkeit und Konzentration durch die besprochenen Übungen ein gewisses Niveau erlangt, ist damit die nötige Grundlage geschaffen, um die Leidenschaften nicht nur zu beruhigen oder aber sie einfach wieder loszulassen. Nun ist es möglich, konzentriert positive Emotionen wie Genügsamkeit und Geduld zu entwickeln. Sie sind den grundlegenden Leidenschaften der Begierde und des Hasses entgegengesetzt und können helfen, sie schrittweise zu überwinden.

GENÜGSAMKEIT ALS MEDIZIN GEGEN DIE GIER

Die Gier ist eine besonders tückische negative Emotion bzw. Leidenschaft, weil man sie oft gar nicht als ein Problem wahrnimmt. Sie ist wie ein Dieb in der eigenen Familie, den man nicht als schädlich erkennen und bloßstellen möchte. Mit der Gier ist dabei nicht gemeint, dass man etwas mag oder ein Bedürfnis verspürt. Die Grundlage aller Leidenschaften ist immer eine Übertreibung. In diesem Fall sieht man in einem

Gegenstand, einer Person oder Situation eine übertriebene Attraktivität, die zumindest in dem Maße gar nicht vorhanden ist. Man wird oft sehr unruhig und aufgeregt, und man ist zu fast allem bereit, um über das Begehrte zu verfügen, und würde sogar anderen Menschen, die das Gleiche begehren, Schaden zufügen. Tatsächlich können uns solche äußeren Dinge niemals die gewünschte Befriedigung geben. Der Durst nach immer mehr und besseren Sinnesreizen hört niemals auf, und wir werden nie genug bekommen. Es ist, als ob man Salzwasser trinken würde, um nicht mehr durstig sein zu müssen. Selbst wenn wir das ganze Universum besitzen könnten, würden wir uns dann wohl ein zweites wünschen. Unter der Gier werden wir in jedem Fall leiden. Entweder weil wir das Begehrte nicht erlangen, oder weil wir enttäuscht sind darüber, dass uns das Gewünschte nicht zufriedenstellen kann, wenn wir es bekommen haben. Auch wenn wir es aufgrund des Wandels aller Dinge wieder aufgeben müssen, werden wir unglücklich sein. Selbst diejenigen unter den Eliten einer Gesellschaft, die bereits über viel Macht und Besitz verfügen, werden ungenügsam nach immer noch mehr Ressourcen streben, wenn man sie dabei nicht einschränkt. Alle großen Katastrophen der Menschheit bis hin zum Krieg, der zunehmenden Ungleichheit von Arm und Reich und der Verunreinigung der natürlichen Umwelt, sind die schrecklichen Folgen der Begierde. Süchte und Abhängigkeiten breiten sich in einer Gesellschaft aus, die auf Konsum ausgerichtet ist, und führen zu Ängsten, Erschöpfung, Krankheiten und Depressionen. Auf dem persönlichen spirituellen Weg ist die Gier das wesentliche Hindernis, um bei seiner Meditation zu verweilen. Sie werden von Ihren unstillbaren Wünschen immer wieder abgelenkt werden und so kaum Fortschritte machen, wenn Sie gierig nach mehr streben. Jede Kultur hat bisher versucht, die zerstörerische und die Gemeinschaft der Menschen zersetzende Kraft der Begierde einzudämmen. Aber: Heutzutage wird sogar teilweise in der Werbung und von Führungskräften suggeriert, dass es vorteilhaft ist, wenn man gierig ist.

Die wesentlichen Gegenmittel der Gier sind Genügsamkeit, Zufriedenheit, Dankbarkeit und Freigebigkeit. Die Genügsamkeit ist keine pessimistische und passive Einstellung. Es ist zunächst notwendig, seine natürlichen Bedürfnisse nach lebenserhaltenden materiellen Dingen und menschlicher Wertschätzung zu befriedigen. Ist das aber erreicht, dann beschränken Sie sich im Geist und verzichten Sie darauf, ein Übermaß von Ruhm, Macht und finanziellen Mitteln anzustreben. Das gibt uns auch mehr Freiheit, da wir nicht einen großen Teil unserer Kraft und Zeit für das Erlangen dieser letztlich flüchtigen und unbefriedigenden Dinge aufwenden müssen. Auch die Konflikte mit anderen Menschen werden seltener, und wir können uns auf das Wesentliche im Leben konzentrieren, das uns wirklich Frieden geben kann. Je zufriedener Sie mit dem sind, was Ihnen zur Verfügung steht, desto mehr wachsen auch die Genussfähigkeit und die Dankbarkeit für das Erreichte. Ein Schiffbrüchiger kann kein Gourmet sein. Nur wenn wir nicht schon an den nächsten Bissen denken, können wir das gute Essen würdigen, das wir gerade einnehmen. Der Geisteszustand der Genügsamkeit selbst ist nicht nur neutral, sondern von großer Glückseligkeit begleitet. Wir sind dann wortwörtlich wunschlos glücklich. Sie werden nichts mehr als selbstverständlich annehmen und achtlos übergehen, sondern alles würdigen. Damit widerstehen wir der Tendenz, immer nur zu bemerken, was gerade nicht so verläuft, wie wir es uns wünschen. Alle spirituellen Traditionen und mittlerweile auch viele Psychologen empfehlen, sich regelmäßig in der Dankbarkeit zu üben und sich bewusst zu machen, was einem bereits alles gegeben ist. So können Sie zum Beispiel jeden Abend aufschreiben, wofür Sie dankbar sind und was Sie an diesem Tag erlebt haben. Anstatt Unzufriedenheit wird große Freude entstehen. Allerdings ist es nötig, in einem ersten Schritt dankbar zu sein und nicht erst zu verlangen, dass alles so wird, wie man es begehrt, um dann dankbar zu sein. Je kleiner wir das Gefäß unserer Wünsche halten, umso schneller wird es vor Freude überquellen, und unsere positive Ausstrahlung wird andere inspirieren.

DIE MEDITATION DER DANKBARKEIT

Bei der praktischen Meditation setzen wir uns wieder an einen geeigneten Ort in einer stabilen Sitzhaltung und beruhigen den Geist mit der Achtsamkeit erst einmal auf den Körper und dann auf den Atem. Danach meditieren wir darüber, was wir im Moment bereits als gewöhnliche Menschen über unsere Sinne und den Geist zur Verfügung haben, und nehmen es dankbar an.

Wenden Sie sich dem Sehbewusstsein zu, um zu sehen, welche angenehmen Erlebnisse Sie damit machen dürfen. So können wir damit zum Beispiel einen Sonnenaufgang oder den Gesichtsausdruck unserer Lieben mit Freude betrachten.

Bezüglich des Hörbewusstseins kann uns einfallen, wie sehr wir uns durch den Genuss von guter Musik oder von einer Vogelstimme inspirieren lassen.

Das Riechbewusstsein ermöglicht uns, zum Beispiel den Duft einer Blume zu erfahren.

Über das Geschmacksbewusstsein können wir eine gute Mahlzeit genießen, wenn wir achtsam dabei sind.

Mithilfe des Tastbewusstseins spüren wir u. a. den Händedruck eines Freundes und die Oberfläche eines weichen Stoffes.

Das geistige Bewusstsein ist der besondere Reichtum des Menschen und ermöglicht uns, tiefe innere Erfahrungen von Glück und Frieden zu machen, die alle äußeren Erfahrungen unbedeutend erscheinen lassen.

Nach der Beschäftigung mit jeweils einem Sinnesbereich verbleiben wir eine gewisse Zeit in einem Zustand der Dankbarkeit und Zufriedenheit mit dem, was wir an Wunderbarem erfahren dürfen, ohne dafür besonders wohlhabend sein zu müssen. Danach wenden wir uns dem nächsten Objekt zu. Wie gehen wir jedoch mit den Problemen und Krisen um, die wir im Leben erfahren müssen? Sollen wir auch dafür dankbar sein? Der Zweifel ist zunächst verständlich. Aber wir können es auch anders betrachten: Wenn wir auch nicht für die Leiden dankbar sind, so kann uns doch deutlich werden, dass uns jedes Problem zumindest eine Gelegenheit gibt, daran zu wachsen. Im Nachhinein werden wir auch oft feststellen können, dass die ungewollten und unkontrollierbaren Geschehnisse im Leben sich zumeist als hilfreich und förderlich herausstellten, wenn wir sie akzeptiert haben, wie sie nun mal sind. Selbst die Begegnung mit dem Destruktiven in der Welt kann uns dazu anhalten, etwas gegen das Unrecht in der Welt zu unternehmen.

Nutzen Sie die Kraft Ihrer Konzentration, um sich auf das gewonnene Gefühl von Zufriedenheit und Dankbarkeit ganz einzulassen.

Bemerken Sie, dass Ihre Kräfte schwinden, richten Sie die Aufmerksamkeit zunächst nochmals auf einige Atemzüge und werden Sie sich dann auch wieder des Körpers und der Außenwelt bewusst. Dann nehmen Sie die Inspiration der Meditation mit in den Alltag.

GEDULD IST STÄRKER ALS DER HASS

Die Leidenschaft des Hasses wird wohl fast jeder als ein Problem erkennen. Trotzdem lohnt es sich, über die Nachteile dieser negativen Emotion nachzudenken und sich die Vorteile seines Gegenteils, nämlich der Geduld, immer wieder vor Augen zu führen. Hass bedeutet, dass man ein Objekt oder eine Person einseitig und übertrieben negativ sieht und daraufhin den Wunsch entwickelt, diesem Schaden zuzufügen. Im Zustand des Hasses wird man wegen seiner negativen, aufgewühlten Gedanken kaum schlafen können. Wenn man eine gute Mahlzeit vor sich hat, wird man keinen Appetit haben und man wird sich letztlich durch seine aggressive Stimmung bei anderen Menschen unbeliebt machen. Ein Mensch, der immer schnell verärgert reagiert, wird dies in seinen Gesichtszügen spiegeln, die dadurch zunehmend unattraktiver werden.

Das Gegenmittel gegen diese zerstörerische Emotion ist die Geduld. Die Geduld bedeutet keineswegs, passiv alles über sich ergehen zu lassen. Sie ist definiert als eine gelassene, stabile Geisteshaltung angesichts von Schwierigkeiten und Provokationen. Es ist klug, im Falle von äußeren Problemen nicht auch noch zusätzlich innerlich die Fassung zu verlieren. Geduld ist bei natürlichen Herausforderungen im Leben, wie etwa Krankheiten und gegenüber schwierigen Menschen, angebracht. Auch bei der Geistesschulung bedarf es der Geduld. Es kann hilfreich sein, sich deutlich zu machen, dass es eigentlich nie sinnvoll ist, wenn man die Nerven verliert. Kann man etwas ändern, sollte man es mit einem entschlossenen und ruhigen Geist umwandeln und braucht sich nicht zu ärgern. Ist es dagegen nicht möglich, etwas zu ändern, so braucht man sich auch nicht zu ärgern, weil man es ja nun mal nicht ändern kann. Darüber hinaus kann man in schwierigen Situationen sogar oft mehr lernen und sich weiterentwickeln als in bequemen Zeiten. Der Dalai Lama sagte einmal bei einem öffentlichen Vortrag sinngemäß, dass man um ein Problem so lange herumgehen sollte, bis man dessen Vorteile sieht. Damit wird ausgesagt, dass jede Erfahrung ambivalent ist und man auch in den schlimmsten Erlebnissen noch etwas Konstruktives erkennen kann. Die Forschungen zur Resilienz – der inneren Kraft in schwierigen Lebenslagen – zeigen tatsächlich, dass besonders stabile Menschen oft durch ernste Probleme hindurchgingen und daraus Kräfte gewannen. In einem geduldigen Geist wird man die Schwierigkeiten viel besser überwinden können, als wenn man ärgerlich ist und unter diesem Einfluss jede Vernunft verliert. Die Geduld wird uns beliebt, ausgeglichen und attraktiv machen. Der Buddha bezeichnete die Geduld auch als die höchste Askese, und der Meister Atisa antwortete auf die Frage seiner Schüler, was die höchste Wunderkraft sei, wie folgt: Er pries nicht übersinnliche Fähigkeiten, sondern lobte die Tugend der Geduld. Ein Mensch ist demnach wahrlich bewunderungswürdig, wenn er sein Gemüt so beherrscht, wie es ein geduldiger Mensch vermag. In einem alten Text von Shantideva steht, dass es klüger ist, Schuhe zu tragen, wenn die Erde voller Dornen ist. Stattdessen die ganze Welt selbst mit Leder auszukleiden wäre auch eine Möglichkeit, aber wohl nicht sehr realistisch. Dieses Bild soll besagen, dass es aussichtslos ist, alle äußeren Feinde zu besiegen. Es werden immer neue auftreten, solange wir feindselig sind. Sind wir aber geduldig und überwinden die Feindseligkeit, ist das gleichbedeutend mit der Überwindung aller Feinde, und wir werden überall auch mit Provokationen fertigwerden. Wie aber entwickelt man Geduld gegenüber schwierigen Menschen, und wofür soll das nützlich sein?

DIE KRAFT DER VERGEBUNG

In allen Weisheitstraditionen gilt die Kraft der Vergebung gegenüber schwierigen Menschen als ein wichtiges Heilmittel für den durch Wut und Ärger verwirrten Geist. Hinter diesem Ratschlag steht die Erfahrung, dass wir nicht mit voller Achtsamkeit und einem liebevollen Herzen in der Gegenwart ein erfülltes und bewusstes Leben führen können, wenn wir mit Geschehnissen in der Vergangenheit hadern. Die Bemühung um Vergebung ermöglicht auch nach traumatischen Erfahrungen einen neuen Anfang im Umgang mit uns selbst und den anderen. Die Zuversicht in der Übung beruht auf dem Wissen um die Wandlungsfähigkeit aller Menschen zum Guten. Wir können uns aber auch vor der Möglichkeit, unser Herz erneut zu öffnen, verschließen, innerlich immer nur die alten negativen Erfahrungen wiederholen und darauf bestehen, diesen Ärger in Taten auszuleben. Dann wird es kaum möglich sein, den Kreislauf der Gewalt, die wir uns selbst und anderen antun, jemals zu beenden. In diesem Prozess des Loslassens geht es dabei niemals darum, vergangene Übeltaten zu verdrängen, sie nicht mehr als solche zu erkennen oder gegen zukünftige Gefahren nichts zu unternehmen. Wenn man etwa schon als Kind schmerzhafte Erfahrungen machen musste, so sollte man sich später im Leben zunächst seinen oft verborgenen Groll und Hass bewusst machen, um damit arbeiten zu können. Dann aber stellt sich die Frage, ob man sein Leben lang an dieses traumatische Geschehen und die damit verbundenen Personen innerlich gefesselt sein möchte. Wenn man nämlich verzeiht und dem Zorn auf das Geschehene nicht immer neue Nahrung gibt, kann man sich langfristig von diesem Schmerz befreien, und die Wunde wird heilen können. Das Gleiche gilt auch für politische Prozesse. Ganze Völker verbleiben aufgrund ihrer Unfähigkeit, der anderen Seite zu verzeihen und sie zu verstehen, in dauernder Feindschaft. Dadurch bringen sie sich selbst an den Rand der Selbstzerstörung. Es ist gerade für die Geschädigten von größtem Nutzen, sich wieder der Liebe und dem Vertrauen zu öffnen, da der Hass als Erstes die eigene Person in ihrer Integrität zerstören kann. Wir zeigen mit uns selbst Mitgefühl, wenn wir uns nicht weiter vom Zorn überwältigen lassen und nicht immer wieder mit dem Schaden beschäftigen, den wir erlebt haben. Dieser Prozess, sich zunächst dem Schmerz zu stellen, sich von dem Täter abzugrenzen, ihn danach sogar in seinem Leiden zu verstehen und schließlich den Groll loszulassen, kann allerdings nur schrittweise und mit aller Vorsicht erfolgen. Man sollte zunächst nur so weit gehen, wie es sich für einen richtig anfühlt, sich genug Zeit dafür lassen und nichts erzwingen wollen. Vergeben Sie sich selbst Ihre Unvollkommenheit und Bedürftigkeit und nehmen Sie sie liebevoll an, wie wir es in den nächsten Kapiteln betrachten werden. Wenn Sie bereit sind, sich dieser Herausforderung zu stellen, beginnen Sie mit den folgenden Meditationsübungen.

GEDULD GEGENÜBER SCHWIERIGEN MENSCHEN

Wie bei jeder anderen Meditation setzen wir uns zunächst in geeigneter Meditationshaltung an einen ruhigen, inspirierenden Ort. Dann beruhigen wir uns mit Achtsamkeitsübungen. Nun können wir zu einer Vergebung üben. Stellen Sie sich eine Person vor, von der Sie meinen, dass sie Ihnen Leiden zugefügt hat. Wenn es Ihnen hilft, Ihre Angst vor erneuter Verletzung – die bei dieser Vorstellung auftreten kann – zu verringern, können Sie sich diese Person hinter einer undurchdringlichen Glasscheibe vorstellen. Wir lassen nun im Geist langsam und in dem Ausmaß, wie wir es im Moment ertragen, die belastenden Erfahrungen der Vergangenheit möglichst realistisch aufsteigen und achten dabei auf unsere Gefühle. Sicherlich fühlen Sie sich bei dieser Erinnerung nicht wohl und spüren dabei auch Widerwillen und Groll gegenüber dieser Person und den Geschehnissen. Sie wollen aber bestimmt nicht Ihr ganzes Leben bei Erinnerungen an oder der Konfrontation mit einer solchen schwierigen Person diese unangenehmen Gefühle haben. Vielleicht fragen Sie sich, wie Sie Ihr Denken ändern können. Sie können sich zum Beispiel verdeutlichen, dass auch diese Person ein leidender Mensch ist. Es ist möglich, die negativen Handlungen einer Person abzulehnen, aber die Person davon zu trennen und ihr Gutes zu wünschen. Ihr schädliches Verhalten ist sogar ein deutlicher Hinweis auf die inneren Probleme unseres Gegenübers. Ein glücklicher Mensch neigt nicht dazu, anderen zu schaden. Vielleicht ist die Person krank, unzufrieden mit sich selbst oder hat ebenfalls sehr schwere Erfahrungen machen müssen. Offensichtlich verhält sich diese Person ungeschickt in ihrem Streben nach Glück und bedarf der Hilfe, um sich zu ändern. Neben ihren Unzulänglichkeiten, die Sie an ihr sehen, hat sie sicher auch Qualitäten, die Sie bisher – gefangen in Ihrem negativen Bild der Person aufgrund einiger persönlicher, subjektiver Erfahrungen – nicht wahrgenommen haben. Außerdem können Sie reflektieren, dass auch Sie eventuell Anteil an der problematischen Beziehung haben. Vielleicht haben Sie Ihr Gegenüber verletzt oder mit Ihrer Missachtung beleidigt? Machen Sie sich schließlich deutlich, dass eine Veränderung der Beziehung nicht ausgeschlossen ist, wenn von einer Seite der Opponenten ein mutiger Schritt zur Vergebung gemacht wird. Auch im politischen Leben haben solche Wendungen von mutigen Politikern zur Versöhnung ganzer Völker geführt, die sich vorher bekriegt haben. Nur eine Person, die uns sozusagen »die Knöpfe drückt«, kann eine tiefe Veränderung unserer Konditionierung einleiten. Mit diesen und ähnlichen Betrachtungen mag es uns gelingen, die Härte unseres Geistes aufzuweichen und sogar bereit zu sein, innerlich den Satz zu formulieren: »Ich verzeihe dir«. Auch wenn wir in der Realität keine Gewissheit darüber haben können, dass unser Gegenüber diese Botschaft aufnimmt und darüber sehr erfreut ist, schaffen wir dadurch in unserer Vorstellung eine freundlichere Atmosphäre, die für die Zukunft echte Veränderungen möglich macht. In jedem Fall liegt es an uns, ob wir die Begegnung mit einem schwierigen Menschen für uns nutzen, um emotional zu wachsen oder nur unseren Ärger weiter zu nähren. Konzentrieren Sie sich auf die Vergebung und spüren Sie dabei, wie die Kraft dieser Meditation die alten Wunden heilt und das Herz öffnet. Verweilen Sie so lange in diesem Zustand, bis Sie spüren, dass Sie langsam erschöpft werden, und neutralisieren Sie den Geist, indem Sie alle äußeren

Vorstellungen auflösen, so wie sich ein Regenbogen im Himmel auflöst. Dann beobachten Sie wieder Ihren Atem, dann den Körper und schließlich die Außenwelt. Wenn Sie diese Meditation regelmäßig durchführen, wird Ihre Fähigkeit zur Versöhnung sicherlich zunehmen. Es wird Ihnen leichter fallen, friedlich mit früheren Konflikten abzuschließen und emotionalen Frieden von dem zerstörerischen Hass zu finden.

Damit haben wir in diesem Kapitel einige Mittel kennengelernt, wie wir mit unseren Emotionen wie zum Beispiel Gier und Hass unter Verwendung entsprechender Gegenmittel so umgehen können, dass wir selbst mehr inneren Frieden finden. In den nächsten beiden Kapiteln wollen wir uns nun den Emotionen widmen, die das Wohl anderer Lebewesen bewirken.

WIE FINDE ICH MEINE MITTE? –
DIE PRAKTISCHE SCHULUNG DES GLEICHMUTS

EINE UNTERSCHÄTZTE GEISTESHALTUNG:
DER GROSSE NUTZEN DES GLEICHMUTS

Wir haben bisher betrachtet, wie es möglich ist, aufbauend auf der Achtsamkeits- und Konzentrationsschulung, mit den eigenen Emotionen zu arbeiten. Damit können wir zu mehr innerem Frieden und Gelassenheit in allen Situationen finden. Wenn es uns gelingt, mit uns selbst besser zurechtzukommen, wird es auch möglich sein, anderen von Nutzen zu sein. Der Dalai Lama fasst die buddhistische Ethik in zwei Stufen zusammen: Man sollte anderen auf jeden Fall keinen Schaden zufügen – und wenn man die Kraft dazu verspürt, anderen nützen.

Bevor wir uns der Entwicklung von Liebe und Mitgefühl und dem sogenannten Erleuchtungsgeist zuwenden, ist es wichtig, erst einmal die Grundlage dafür zu schaffen: die Einübung einer gleichmütigen Haltung. Der Gleichmut ist eine der meistunterschätzten und missverstandenen Qualitäten des Geistes. Gleichmut ist der Boden, auf dem echte Liebe und wahres Mitgefühl im spirituellen Sinne wachsen, so wie die ebene Erde die Grundlage für das Wachstum der Pflanzen ist: Damit ein Feld Früchte tragen kann, muss es zunächst eingeebnet werden. Gleichmut ist keineswegs eine passive Haltung, insofern also etwas ganz anderes als Gleichgültigkeit. Vielmehr handelt es sich beim Gleichmut um das aktive Bemühen darum, eine gleichmäßige Sympathie für seine Mitmenschen und Respekt gegenüber allen Wesen hervorzubringen. Gleichmut heißt, sich in seiner Haltung zu anderen nicht von momentanen, egozentrischen Emotionen wie Abneigung, Anhaftung oder Gleichgültigkeit leiten zu lassen. Ohne diese Haltung projizieren wir – je nachdem, ob jemand gerade unseren Interessen entsprechend handelt oder nicht – übertrieben positive oder negative Eigenschaften in andere Personen. Tadelt man uns, neigen wir dazu, jemanden als Feind zu sehen. Werden wir ein paar Minuten später von der gleichen Person gelobt, wollen wir sie vielleicht schon wieder am liebsten heiraten. Auch bei Partnern, denen die Grundlage des Gleichmuts für ihre Liebe fehlt, kann man beobachten, dass sie manchmal kaum ohne den anderen sein können, doch schon bald darauf nichts mehr voneinander wissen wollen.

In den modernen Patchwork-Familien führt es zu

großer Verzweiflung, wenn etwa einer der Partner die eigenen Kinder vorzieht und die des Partners aus einer anderen Beziehung vernachlässigt. Sind Menschen für unsere Wünsche nicht mehr relevant, indem sie sich zum Beispiel von uns entfernen, erscheinen sie uns unbedeutend wie ein Stein. Der Gleichmut dagegen reduziert unser übliches Freund-Feind-Denken, das so viel Streit und Krieg in die Welt bringt. Wer zum Wohle aller nach geistiger Entwicklung strebt, wird Unterschiede in seiner Zuneigung zu den Menschen überwinden, selbst wenn natürlich jedem von uns einige Menschen näher sind als andere. Ein fortgeschrittener Praktizierender würde einem Menschen, der ihn zu einer bestimmten Zeit ablehnt und verletzen möchte, stets die gleiche oder sogar mehr Unterstützung zukommen lassen als jenen Menschen, die ihn loben und ihm zu Hilfe kommen. Dadurch werden die Liebe und das Mitgefühl stabil und unabhängig von zeitweiligen Umständen. Wir sehen dann Menschen in ihren grundsätzlichen Bedürfnissen und nicht nur mit den Scheuklappen unserer eigenen Interessen. Ohne Gleichmut wird man wie eine Fahne im Wind mal den einen und dann den anderen bevorzugen. Das Konzept des Gleichmuts mag zunächst etwas schwierig zu erfassen sein. Im Grunde haben wir aber alle intuitiv eine Wertschätzung dafür, wenn jemand ihn praktiziert. Jeder Arzt oder Therapeut muss sich schon aus professionellen Gründen so gleichmütig wie möglich verhalten. Wir hätten wohl kein Verständnis dafür, wenn wir mit Krankheitssymptomen zum Arzt gehen und er uns eröffnet, dass er uns nicht behandelt, weil wir ihm nicht sympathisch sind oder es uns an Attraktivität mangelt. Auch ein Polizist muss jedermann schützen bzw. in Gewahrsam nehmen, unabhängig von seinen persönlichen Neigungen. Noch mehr erwarten wir diese Einstellung von einer politischen oder spirituellen Führungspersönlichkeit. Normalerweise wird ein neu gewählter Präsident zumindest behaupten, dass er zum Wohle aller Bürger, unabhängig von ihrem Besitz, ihrer Rasse, ihrem Geschlecht, ihrem Alter und anderen Äußerlichkeiten, tätig sein will. Die Figur der Justitia als Ausdruck des allgemeinen Rechts wird mit einer Augenbinde dargestellt, um zu symbolisieren, dass solche Faktoren bei der Urteilsfindung keine Rolle spielen dürfen. Undenkbar wäre es, sich Jesus oder Buddha vorzustellen, wie sie einige Menschen, die sich an sie wenden, bevorzugen und anderen keinerlei Ratschlag zukommen lassen. Wann immer im persönlichen, gesellschaftlichen oder spirituellen Leben die Verantwortlichen sich von ihren egozentrischen Vorlieben und Abneigungen lenken lassen, wird es an Wohlwollen und Verantwortung mangeln und zu Disharmonie und Konflikten kommen. Der Gleichmut dagegen ermöglicht eine unbeschränkte Entwicklung von Liebe, Mitgefühl und Verantwortungsgefühl, die zum Wohle des Einzelnen und der Gesellschaft essenziell beitragen werden.

Wenn wir die große Bedeutung des Gleichmuts für das Wohlergehen der Menschen erfasst haben, werden wir einerseits selbst motiviert sein, uns gleichmütiger zu verhalten und die Menschen nicht immer gleich in Freunde und Feinde zu unterscheiden. Darüber hinaus werden wir uns von Herzen wünschen, dass auch die anderen miteinander gleichmütiger umgehen mögen. Betrachten wir zum Beispiel im Fernsehen die Nachrichten, können wir erkennen, dass die tragischen Konflikte darauf beruhen, dass Einzelne oder Volksgruppen die jeweils anderen nicht als Menschen respektieren. Wir können dann den tiefen Wunsch entwickeln, dass die dort Handelnden zu der Einsicht kommen, bei allen Konflikten den anderen niemals ihr Menschsein und ihre grundlegenden Bedürfnisse abzusprechen oder gar physische oder psychische Gewalt ihnen gegenüber auszuüben.

DIE MEDITATION DES GLEICHMUTS

Wie bei jeder Meditation nehmen wir wiederum eine geeignete Körperhaltung an einem inspirierenden Ort ein und reduzieren überflüssige Gedanken mithilfe von Achtsamkeitsübungen bezüglich des Körpers und des Atems. Wenn Sie es wünschen, können Sie sich den Buddha, Jesus Christus oder ein anderes Objekt unseres Vertrauens als eine Art Zeuge unserer Meditation vorstellen. Dabei sollte etwa der Buddha nicht als strenger Richter, sondern als uns bedingungslos und gleichmütig annehmender Freund und Lehrer erscheinen.

Nun lassen Sie vor Ihrem geistigen Auge drei Personen auftreten: jemanden, den Sie hassen oder zumindest nicht mögen, dem Sie anhaften, sprich, den Sie bevorzugen, und eine Person, die Ihnen gleichgültig ist. Lassen Sie sich etwas Zeit, um zu prüfen, welcher konkrete Mensch für die jeweilige Kategorie infrage kommt.

Anschließend überlegen Sie jeweils, ob die Einstellungen von Hass, Begierde und Gleichgültigkeit wirklich angemessen sind:

Wenden Sie etwa innerlich dem Feind Ihre Aufmerksamkeit zu, erkennen Sie, dass er nicht immer Ihr Feind war oder bleiben wird. Machen Sie sich bewusst, dass Ihnen im Verlauf des Lebens Personen in den unterschiedlichsten Rollen begegnen können und es keine Gewissheit gibt, ob jemand dauerhaft unser Freund oder Feind ist: Negative Beziehungen können sich neutralisieren oder sogar zu einer Freundschaft wandeln.

Unsere Feindschaft beruht lediglich darauf, dass wir einzelnen Ereignissen, die uns missfallen haben und für die wir womöglich selbst verantwortlich sind, übergroße Bedeutung beigemessen haben. Warum sollen wir jemanden hassen, der uns heute schadet, doch vielleicht schon bald wieder nutzt? Der andere hat bestimmt auch gute Eigenschaften. In jedem Fall aber will auch er – wie wir selbst – am liebsten nur Glück erleben und allem Leiden entgehen; auch er empfindet Ängste, Schmerzen und Einsamkeit wie alle anderen. Aus diesem Blickwinkel heraus wird die feindselige Einstellung relativiert.

Jetzt betrachten wir den Freund, zu dem wir uns besonders stark hingezogen fühlen, von dem wir vielleicht nicht mal für kurze Zeit getrennt sein möchten, weil wir sonst unglücklich sind. Unter Umständen sind wir sogar bereit, anderen zu schaden, damit es ihm gut geht. Aber rufen Sie sich ins Bewusstsein, dass eine solche Einstellung übertrieben ist und den Keim vieler Probleme in sich birgt. Der Freund war nicht immer unser Freund und wird es sicher nicht ewig bleiben. Auch einst befreundete Nationen haben sich im Laufe der Geschichte wieder entfremdet und umgekehrt. Außerdem hat dieser Mensch natürlich auch Schwächen und könnte sich bereits morgen negativ verändern. Insofern ist es alles andere als sinnvoll, ihn zu idealisieren.

Langfristig betrachtet, gibt es also keinen großen

Unterschied zwischen unseren sogenannten Freunden und unseren sogenannten Feinden. Beide haben Vorzüge, beide haben Fehler, und beide möchten glücklich sein. Wenn wir eine gleichmütige Haltung entwickeln, wird das sogar unserer Beziehung oder Partnerschaft zu der als Freund erklärten Person nützen, weil wir unabhängiger werden und so manches Leid aufgrund übertriebener Anhaftung sich auflöst.

Schließlich betrachten wir die neutrale Person, der wir eher gleichgültig gegenüberstehen und deren Schicksal uns eigentlich egal ist. Der Grund dafür mag sein, dass sie scheinbar derzeit keinen Nutzen oder Schaden für uns bewirkt. In Zukunft könnte uns allerdings eine Freundschaft oder auch eine Feindschaft mit diesem Menschen verbinden. Es ist gut, sich das bewusst zu machen und ihn als fühlendes Wesen zu erkennen, der – genau wie wir – Glück erlangen und Leiden vermeiden will und dazu genau das gleiche Recht hat wie wir. Gleichgültigkeit ist daher nicht angebracht.

Während dieser meditativen Betrachtungen gleicht sich unsere Haltung gegenüber den drei Personen allmählich an, und wir konzentrieren uns, solange wir es entspannt können, auf diese gleichmütige Einstellung gegenüber allen. Spüren Sie nach, wie sich diese Haltung anfühlt und Ihnen inneres Gleichgewicht vermittelt.

Dieser aktive Prozess, der unsere übertriebenen Einstellungen relativiert, bildet die Grundlage dafür, dass wir eines Tages allen Wesen unterschiedslos Glück wünschen, statt unsere Sympathie nur auf jene zu richten, die uns in diesem Moment nützlich sind oder attraktiv erscheinen.

Abschließend stellen Sie sich vor, dass das Heilige Wesen, das wir uns am Anfang der Meditation als eine Art Zeugen vorgestellt haben, aufgrund all dieser guten Gedanken seinen Segen in Form von Licht aussendet, wir dieses Licht mit dem Einatmen in uns hineinnehmen und es unseren Körper vom Scheitel bis zu den Fußsohlen anfüllt. Hindernisse und Leiden lösen sich auf, vor allem aber jene, die dem grenzenlosen Gleichmut entgegenstehen.

Wir widmen unsere Bemühungen dem Ziel, dass alle Wesen überall auf der Welt im Geist des Gleichmuts verweilen mögen, frei von Hass, Begierde und Gleichgültigkeit, und dass aller Streit besänftigt wird.

WIR BRAUCHEN EINANDER

Der Gleichmut ist also die Grundlage für die Haltungen der Liebe und des Mitgefühls, die wir nun betrachten wollen. Das Menschenleben basiert vollständig auf der gegenseitigen Unterstützung in der menschlichen Gemeinschaft. Das ist bereits seit vielen Tausenden von Jahren der Entwicklung des Homo sapiens eine Tatsache. Der Erfolg des körperlich eigentlich sehr labilen Menschen beruht anthropologisch gesehen ganz und gar auf seiner Fähigkeit zur Empathie und Kooperation in der Gruppe. Eine einzelne Person ist ohne andere gar nicht lebensfähig. Alles, was wir an Gutem erfahren, kommt direkt oder indirekt durch die anderen. Ist unser Geist aber nicht geschult, neigt er dazu, andere Menschen als Konkurrenten zu empfinden und hauptsächlich herauszustellen, welche Fehler sie haben, und sie damit herabzusetzen. Diese egozentrische Neigung wird in einer Gesellschaft, welche die Konkurrenz und den Wettbewerb betont, noch verstärkt. Es kommt zu einer überkritischen Haltung und der Tendenz, wechselseitig schlecht übereinander zu reden. In den sozialen Netzwerken führt das teilweise zu einer sehr aggressiven und destruktiven Kommunikation. Das stört den sozialen Frieden und das öffentliche Wohlergehen, das sehr stark von dem Grad der Harmonie in der eigenen Gruppe abhängig ist. Dauernder Streit und mangelnde Wertschätzung untereinander können Menschen seelisch und körperlich krank machen. Werden wir uns aber bewusst, dass wir vollkommen auf die Güte der anderen angewiesen sind, folgt daraus ein Gefühl großer emotionaler Nähe und Dankbarkeit. Als

Konsequenz sind wir gern bereit, etwas zurückzugeben von dem, was wir in Überfülle erhalten haben. Fragen wir uns, was die anderen brauchen, werden wir feststellen, dass auch sie glücklich sein möchten und nicht leiden wollen – so wie wir selbst. Die logische Konsequenz der Erkenntnis des wahren Wesens des menschlichen Daseins ist es, andere zu lieben und ihnen Mitgefühl entgegenzubringen. Wir tun das, indem wir ihnen Glück wünschen und indem wir Schaden von ihnen abhalten wollen. Im Folgenden wollen wir dieses Gefühl der Verbundenheit und Nähe als Grundlage von Liebe und Mitgefühl meditativ stärken.

DIE MEDITATION DER VERBUNDENHEIT

Wiederum beginnen wir damit, dass wir unseren Körper und Geist an einem geeigneten Ort zur Ruhe kommen lassen.

Nun hinterfragen Sie einmal den Status quo Ihres gegenwärtigen Erlebens. Ohne die Gedanken, Gefühle und inneren Bilder zu zensieren oder darüber nachzudenken, lassen Sie alles hochkommen, was Ihnen zu diesem Thema einfällt: Wie fühlt es sich an, ein Mensch unter anderen Menschen zu sein? Was ist das für ein Verhältnis zwischen mir und den anderen? Habe ich innere Bilder dazu? Brainstormen Sie einfach einige Minuten zu diesen und ähnlichen Fragen, um sich bewusst zu werden, wie das Verhältnis von Ihnen zu den anderen unreflektiert spontan erscheint.

Das mag bei jedem etwas anders ausfallen. Im Prinzip werden wir aber, wenn wir ehrlich und ohne Tabu an diese Fragestellung herangehen, feststellen können, dass wir uns im Wesentlichen von den anderen als getrennt empfinden. Es mag so ähnlich erscheinen wie bei Billardkugeln, die gelegentlich aneinanderstoßen, aber dann wieder jede in sich geschlossen voneinander abgestoßen werden.

Nun überprüfen Sie, ob diese spontan erscheinende Wahrnehmung der Realität Ihres Daseins in der Gesellschaft entspricht.

So können wir einmal überlegen, was alles von anderen geleistet wurde, damit wir etwa die letzte von uns eingenommene Mahlzeit zu uns nehmen konnten. Die Nahrung kommt zumeist vom Bauern. Sie wurde von Händlern weiter zu uns gebracht und dann eventuell auch noch für uns gekocht, unter Verwendung von Küchengeräten, die andere erfunden haben. Teile unserer Mahlzeit wie Honig, Milch und – wenn wir es zu uns nehmen – Fisch und Fleisch kommen direkt von anderen Lebewesen. Damit wir also unsere körperliche Kraft durch eine Mahlzeit erhalten können, haben zahllose Lebewesen dazu beigetragen.

Das Gleiche gilt für unsere Kleidung, die wir im

Allgemeinen nicht selbst hergestellt haben. Auch das Haus, in dem wir wohnen, haben wir nicht selbst gebaut. Die Fertigkeiten zur Herstellung dieser Annehmlichkeiten, die unser physisches Überleben garantieren, gehen auf Generationen von menschlicher Kultur zurück.

Sind wir krank, verlassen wir uns auf das Wissen von Ärzten und Therapeuten.

Diese enge Verbundenheit mit den anderen bezieht sich aber nicht nur auf unsere materielle Existenz. Wenn wir uns vergnügen oder entspannen wollen, schauen wir fern oder gehen ins Kino oder ins Theater, wo andere ein Programm für uns zusammengestellt haben. Lesen wir ein gutes Buch, können wir damit auf die Erfahrungen von Menschen aus vielen Jahrhunderten zurückgreifen, zu Einsichten in die menschliche Existenz kommen und uns an ästhetischem Ausdruck in den Künsten erfreuen. Interessieren wir uns sogar für Spiritualität, sind uns tiefgründige Lehren von erleuchteten Wesen zugänglich, die es uns wesentlich erleichtern, die komplexen Zusammenhänge eines solchen Weges zu erfassen.

Heutzutage surfen wir, um an nützliche Informationen zu kommen oder uns mit anderen auszutauschen, im Internet. Natürlich kann es ein solches Netzwerk nur geben, wenn andere an diesem Netz beteiligt sind und wieder andere die technischen Vorausset-

zungen bereitstellen. Grundsätzlich gehen fast alle
unsere Fähigkeiten auf die Güte unserer Eltern zurück,
die für uns gesorgt haben, als wir völlig hilflos waren.
Sie zeigten uns, wie man in der Welt überlebt, obwohl
wir ihnen oft viel Mühe machten. Auch gaben sie uns
Wertschätzung und Güte, ohne die wir kein inneres
Gleichgewicht erlangt hätten. Sie vermittelten uns
auch die Sprache, ohne die wir keinen klaren Gedanken denken könnten. Die Sprache ihrerseits geht auf
die Entwicklung des Homo sapiens zurück, die bis ins
Tierreich zurückreicht.

Vielleicht denken Sie noch, dass unser Körper uns
von anderen fundamental trennt, etwa an der Haut-
grenze. In Wirklichkeit geht unser Körper aber ganz
auf unsere Eltern bzw. auf frühere Generationen zurück.
Wir selbst haben dazu gar nichts beigetragen, außer
uns mit diesem Körper als unserem zu identifizieren.

Stellen wir solche Betrachtungen – von denen noch
viele andere möglich wären – in der Meditation und
im Alltag an, relativiert sich das Gefühl des Getrennt-
seins von anderen. An die Stelle der Fremdheit und
Isolation tritt zunehmend ein Gefühl der Nähe und
Dankbarkeit. Konzentrieren Sie sich ein wenig auf
dieses Gefühl des Verbundenseins. Diese Erfahrung
wird Ihnen guttun. Nach einer Weile fragen Sie sich,
was Sie von all dieser Freundlichkeit, die Ihnen erwie-

sen wurde, zurückgeben können. Vielleicht möchten Sie einwenden, dass die anderen ja auch für Ihre Dienstleistungen einen Lohn bekommen. Das mag zwar sein, ändert aber nichts an dem Nutzen, den sie für uns haben. Wir sollten daher mehr diesen Aspekt sehen und menschliche Beziehungen nicht nur ökonomisch beurteilen. Wenn uns einfällt, dass uns einige Menschen ja auch gelegentlich schaden, machen wir uns deutlich, dass das eher die Ausnahme als die Regel zwischen Menschen ist. Nicht umsonst wird in den Zeitungen darüber berichtet, wenn Gewalt ausbricht, aber nicht, wenn eine Mutter sich liebevoll um ihr Kind kümmert, weil Letzteres als normal gilt. Üben Menschen Gewalt aus, sind sie nicht wirklich bei sich. Wir nennen dieses Verhalten dann ja auch unmenschlich, weil wir intuitiv wissen, dass es sich um eine Art krankhaftes Verhalten handelt, das nicht die Norm ist.

Konzentrieren wir uns wieder auf die Dankbarkeit, werden wir spüren, dass es natürlich wäre, wenn wir alles, was wir erhalten, erwidern, indem wir zum Glück der anderen beitragen und Leid von ihnen abhalten. Damit ist ein erster Impuls von Liebe und Mitgefühl entstanden. Konzentrieren Sie sich so lange darauf, bis Sie spüren, dass Ihre Kräfte nachlassen. Fokussieren Sie sich anschließend auf den Atem und schließlich den Körper, und kommen Sie mit einem Gefühl der Verbundenheit in den Alltag zurück.

WAS KOMMT DABEI HERAUS? –
DIE VIER HIMMLISCHEN VERWEILZUSTÄNDE

DIE VIER UNERMESSLICHEN GEISTESHALTUNGEN

Die wunderbarsten emotionalen Zustände, zu denen
ein Mensch fähig ist, nennt man in der buddhistischen
Tradition die *Vier Unermesslichen Geisteshaltungen*. Sie
finden sich gleich zu Beginn in nahezu jedem buddhistischen Gebet bei der Ausrichtung der Motivation. Es
handelt sich dabei um die unermesslichen Haltungen
von Gleichmut, Liebe, Mitgefühl und Mitfreude. In
einer traditionellen Vorlage zur Kontemplation heißt
es: »Wie schön wäre es, wenn alle Lebewesen in Gleichmut verweilen könnten, frei von Anhaftung an Nahe-
stehende und Abneigung gegenüber Fernstehenden.
Wie schön wäre es, wenn alle Lebewesen mit Glück
und den Ursachen von Glück versehen wären. Wie
schön wäre es, wenn alle Lebewesen frei von Leid und
den Ursachen für Leid wären. Wie schön wäre es, wenn
alle Lebewesen nicht getrennt wären von zeitweiligem
Glück und der endgültigen Befreiung.«

Unermesslich bzw. grenzenlos sind diese Einstellungen, weil sie, wenn sie voll entfaltet sind, sich auf alle Wesen gleichermaßen beziehen. Man nennt sie auch die *Himmlischen Verweilzustände*. Damit wird deutlich gemacht, dass sich ein Mensch, der seinen Geist in diese Zustände versetzt, bereits im Leben wie im Himmel fühlen wird.

Jemand, der sich ernsthaft um die Geistesschulung als den Weg zu echtem Glück bemüht, wird zunächst lernen, seinen aufgewühlten Geist mithilfe von Achtsamkeits- und Konzentrationsübungen zu beruhigen. Dadurch ist er in der Lage, die negativen, egozentrischen Emotionen von Gier durch Dankbarkeit und Hass durch Vergebung direkt zu verringern. So wird der eigene Geist Gelassenheit und Frieden finden. Aufbauend auf der Schulung des Gleichmuts und der Bewusstheit, dass alle Menschen eng verbunden sind, können wir nun beginnen, Emotionen wie Liebe und Mitgefühl zu entfalten, die über unser eigenes Wohl hinaus auch anderen Lebewesen umfassend zugutekommen werden. Sie sind kraftvolle Mittel, den Geist reifen zu lassen. Wenn Sie sie in der Meditation immer wieder einüben, wird sich diese heilsame Geisteshaltung auch im körperlichen und sprachlichen Verhalten niederschlagen. Sie werden immer mehr in der Lage sein, an das Wohl der anderen zu denken. Ihr ganzes Verhalten wird sich zunehmend am Glück der anderen orientieren, was wiederum Sie selbst unvorstellbar glücklich machen wird.

DAS WESEN VON LIEBE (METTA) UND MITGEFÜHL

Wir haben uns bereits mit dem unermesslichen Gleichmut beschäftigt. Wenn wir nicht mehr so extreme Gefühle von Gier und Hass gegenüber anderen in uns verspüren, ist der Boden bereitet für die bedingungslose Liebe und das allumfassende Mitgefühl, wie es in den spirituellen Traditionen gelehrt wird. Wäre unsere Zuneigung noch davon abhängig, ob andere uns kurzfristig Wohltaten erweisen oder Schwierigkeiten machen, wäre sie äußerst instabil, nur auf wenige Personen beschränkt und damit nicht unermesslich.

Die Liebe ist im Buddhismus definiert als der Wunsch, dass Lebewesen, inklusive einem selbst, glücklich sein mögen. Das Mitgefühl ist definiert als der Wunsch, dass Lebewesen, inklusive einem selbst, nicht leiden mögen. Liebe und Mitgefühl sind somit zwar begrifflich unterscheidbar, da man bei ihrer beider Entwicklung entweder an das denkt, was Menschen sich wünschen, oder aber, was sie sich nicht wünschen. Wenn aber das eine anwächst, wird auch das andere sich im gleichen Maße entfalten. Wir können diese Unermesslichkeiten deshalb gleichzeitig behandeln, und sie werden strukturell sehr ähnlich entwickelt. Die Begründung für die Liebe und das Mitgefühl ist im Wesentlichen – wie wir im letzten Kapitel gesehen haben – die Tatsache, dass wir eng mit anderen Wesen verbunden sind. Außerdem sind die anderen zahlenmäßig viel mehr als nur wir selbst. Es wäre auch aus diesem Grund unangemessen, nur an sich selbst zu denken und alle anderen zu vernachlässigen. Entsprechend gibt es in der buddhistischen Überlieferung zwei große Traditionen, Liebe und Mitgefühl zu entwickeln. Die eine beschäftigt sich intensiv mit der Freundlichkeit der Menschen. Daraus resultiert der Wunsch, diese Güte zu erwidern. Das ist die Einstellung der Liebe. Bei einer anderen Meditationsform macht man sich deutlich, dass man selbst und die anderen den gleichen Wunsch haben, glücklich zu sein und nicht zu leiden. Schließlich wird man feststellen: Das Wohl der anderen ist wesentlich wichtiger als nur der eigene Vorteil. Man vertauscht dabei die Sorge um sich selbst mit dem Interesse an den anderen.

Derzeit wird die Effektivität dieser Meditationspraktiken unter der Leitung von Prof. Dr. Tania Singer mit neurowissenschaftlichen Verfahren überprüft. Die Ergebnisse belegen bereits die Möglichkeit, Aufmerksamkeit, Liebe und Weisheit systematisch zu trainieren. Teilnehmende berichten, wie sehr ihnen diese Übungen im Berufsalltag zum Beispiel in der Pflege helfen, um mit den Kollegen zu kooperieren und ihrer anstrengenden Tätigkeit im Dienst für andere nachzugehen. Wichtig ist dabei, zwischen der Empathie und dem Mitgefühl zu unterscheiden. In der Empathie empfindet man das Leiden anderer, als würde man es selbst erfahren. Dadurch entsteht zum Beispiel bei der Pflege Schwerkranker die Gefahr, dass die Pflegenden überfordert sind und sogar am Burn-out-Syndrom erkranken. Das Mitgefühl dagegen besteht in dem Wunsch, dass der andere nicht leiden möge, und schenkt sogar mehr Kraft, um etwas für andere zu tun.

Erfreulicherweise setzt sich auch in der Wissenschaft eine neue Sicht auf das Wesen des Menschen durch. Diese steht im Gegensatz zu früheren Vorstellungen, dass der Mensch vor allem sehr egoistisch und feindselig gegenüber seinen Mitmenschen veranlagt sei. Im Gegenteil zeigt sich, dass sich der Mensch wesentlich durch seine Fähigkeit, sich in andere Menschen einzufühlen, von Tieren unterscheidet und deshalb auch zu höheren Kulturleistungen fähig ist. Mittlerweile werden nicht nur krankhafte Geisteszustände erforscht, sondern es erscheinen systematische Studien zu positiven Emotionen wie Mitgefühl, Resilienz und Weisheit. In diesen Experimenten zeigen schon kleine Kinder, dass sie mitfühlende Handlungen gegenüber gewaltsamen Vorgehensweisen deutlich bevorzugen. Die gegenseitige Anerkennung und Unterstützung macht die Handlungen der menschlichen Gruppe besonders erfolgreich. Das Problem besteht lediglich darin, dass sich diese Einfühlung von Natur her beim Menschen mehr auf die eigene Kleingruppe bezieht und im Konfliktfall gegenüber fremden Gruppen fehlt. Das Mitgefühl zu schulen wird daher immer notwendiger.

Der indische Ausdruck »Metta« bezeichnet eine Qualität, die in der christlichen Kultur Nächstenliebe genannt wird. Von der Wortbedeutung leitet sich der Begriff von »Sanftheit« und »Freundlichkeit« ab. Als Metapher für diese Eigenschaft wird der Nieselregen verwendet. So wie dieser sanfte Regen sich in jede noch so kleine Fuge ergießt, so verströmt sich auch die Haltung von Metta zu jedem Lebewesen.

Liebe – zusammen mit ihrem Pendant Mitgefühl – kann auch als eine Art universelle Religion angesehen werden. Alle großen Weltreligionen betrachten sie als zentrale spirituelle Eigenschaften. Jesus und Buddha geben mit ihrem Leben vollendete Beispiele eines von Liebe und Mitgefühl bestimmten Daseins. Bis heute ließen und lassen sich hervorragende Menschen wie Martin Luther King, Mahatma Gandhi, Nelson Mandela, Papst Franziskus und andere davon inspirieren.

Der Dalai Lama gilt bei seinen Schülern sogar als die Verkörperung der Liebe aller Buddhas, die sich in der Meditationsgottheit Avalokitesvara manifestiert. Sie wird symbolhaft dargestellt, wie sie mit tausend liebevoll herabblickenden Augen und tausend aktiven Armen zum Wohle der Wesen wirkt. Sehr häufig spricht der Dalai Lama öffentlich auch vor Menschen, die nicht religiös sind, von den Vorzügen einer liebevollen Haltung. Wer sie entwickelt, erfährt unmittelbar für sich selbst deren heilende Kraft. Sie ist die Quelle von innerem Frieden und Freude und verschafft uns Selbstbewusstsein.

Für jeden Menschen sind stabile Beziehungen von fundamentaler Bedeutung für sein Wohlbefinden. In der Kindheit sind wir darauf angewiesen, mit Liebe umsorgt zu werden. Auch im Alter werden wir vollkommen davon abhängig sein, dass man sich liebevoll um uns kümmert. In mittleren Jahren fühlen wir uns oft stark, stolz, autonom und glauben, die anderen nicht zu brauchen. Wir verhalten uns auf der Jagd nach Geld und Einfluss oft rücksichtslos und egoistisch. Das ist die Quelle aller Konflikte und Tragödien in der menschlichen Gesellschaft. Dieses Verhalten macht aber einen selbst unglücklich und treibt in die Isolation, die heute viele Menschen in unserer überindividualisierten Gesellschaft des Westens so schmerzhaft empfinden. In Wirklichkeit sind wir auch in mittleren Jahren vollständig auf die Beziehungen zu den anderen in einer funktionierenden Gesellschaft angewiesen. Als Einzelner kann kein Mensch existieren. Gerade in einer globalisierten Gesellschaft wird deutlich, dass Liebe und Mitgefühl kein Luxus sind für weltabgewandte Asketen. Die weltweiten miteinander zusammenhängenden Probleme lassen sich nur noch lösen, wenn die Menschheit lernt, rücksichtsvoll und liebevoll miteinander umzugehen. Dabei ist es nicht mehr ausreichend, diese Hinwendung nur auf die eigene Gruppe bzw. Nation, Ethnie, das eigene Geschlecht oder auf die eigene Religionsgemeinschaft zu beschränken. Der Dalai Lama spricht in dieser Hinsicht von der Notwendigkeit einer spirituellen Revolution hin zu einer weltweiten Kultur des Dialoges und des Mitgefühls. Angesichts der Gewalt, die das 20. Jahrhundert geprägt hat, brauchen wir im 21. Jahrhundert eine grundlegend neue Politik, damit die Welt friedlicher wird. Dafür muss sich die Menschheit innerlich bezüglich ihrer emotionalen Intelligenz ähnlich stark weiterentwickeln wie im äußeren technischen Bereich. Anderenfalls birgt die äußere Entwicklung die Gefahr, dass sich ihre Errungenschaften sogar gegen das Wohl der Menschheit richten, etwa im Falle der Waffenentwicklung und der Umweltverschmutzung. Es ist eine Frage des Überlebens, dass auch politische und ökonomische Führer eine mitfühlende Haltung erlernen, da sie über viel Einfluss verfügen. Dabei wird es entscheidend sein, ob schon Kinder und Jugendliche zum Beispiel in der Schule die nötigen Fähigkeiten erlernen, mit ihren Emotionen konstruktiv umzugehen. Einige Unternehmen bieten bereits Schulungen der Achtsamkeit an. Und vielleicht werden in naher Zukunft auch Seminare zum Mitgefühl angeboten. Viele besorgte Ökonomen fordern bereits eine Marktwirtschaft, die nicht nur auf dem Profitdenken, sondern auch auf der gesellschaftlichen Verantwortung beruht.

Auch in der Seelsorge von Straftätern ist Mitgefühl ein wichtiger Arbeitsbereich.

Für den Einzelnen listete der Buddha in seinen Lehrreden viele Vorzüge der Entwicklung von Mitgefühl auf. Nur wenn wir diese Qualitäten bedenken, werden wir motiviert sein, sie zu entwickeln und die Faulheit zu überwinden. Der Buddha erwähnte neben anderen Vorteilen, dass man mit einem durch Liebe geschulten Geist gut einschlafen und nach angenehmen Träumen erholt aufwachen kann. Andere Menschen und selbst Tiere werden einen gern mögen, und man wird Heiterkeit empfinden. In religiöser Hinsicht wird man friedlich sterben können und eine gute Wiedergeburt erlangen. Ein solches Heilmittel gibt es in keiner Apotheke und könnte all die Beruhigungsmittel, die dort verkauft werden, mühelos ersetzen.

Mitgefühl wird auch als wunscherfüllendes Juwel bezeichnet. Damit wird symbolisch gezeigt, dass – wenn diese Qualität vorhanden ist – alle anderen, die man auf dem spirituellen Pfad zu entwickeln wünscht, automatisch folgen werden. Wer über Mitgefühl verfügt, wird mühelos andere Tugenden wie die sogenannten *Sechs Vollkommenheiten* ausüben können. Eine Mutter voller Mitgefühl wird gern freigebig gegenüber ihrem Kind sein, weil sie es liebt. Ebenso fällt es ihr nicht schwer, sich ethisch zu verhalten, da sie es nicht verletzen möchte. Sie bringt unendliche Geduld bei der Erziehung als natürlichem Nebeneffekt ihrer Zuneigung auf und wird auch tatkräftig, ohne jede Faulheit, für das Kind da sein und dabei sehr konzentriert vorgehen. Letztlich nähert sie sich durch diese Einstellung immer mehr der Weisheit an, die versteht, dass sie gar nicht getrennt von ihrem Kind als ein autonomes »Ego« existiert.

Der Bodhisattva richtet seine Liebe und sein Mitgefühl jedoch im Unterschied zu einer mitfühlenden Mutter weit über seine eigenen Kinder hinaus auf alle Wesen und entwickelt so als Nebeneffekt mühelos noch weitgehendere Qualitäten.

Aus buddhistischer Sicht reicht es nicht, diese Eigenschaften wünschenswert zu finden, sondern sie können und müssen eingeübt werden, ähnlich wie man ein Musikinstrument zu spielen lernt, indem man immer wieder darauf übt. Der Psychoanalytiker und Erfolgsautor Erich Fromm spricht deshalb auch in einem seiner Hauptwerke von der »Kunst des Liebens«. Er macht dabei deutlich, dass die Liebe nicht vom Himmel fällt, sondern wie eine Kunstfertigkeit erlernt werden muss. Im westlichen Kulturkreis hält man die Kraft einer liebevollen Beziehung gerade im Zusammenhang mit romantisch angelegten Partnerschaften oft für einen Zufall oder ein durch göttliche Gnade vermitteltes Geschehen. Nach Ansicht von Fromm aber ist die Liebe zunächst ein Potenzial, das in uns selbst kultiviert werden muss. Ist diese Kraft in uns etabliert, wird eine befriedigende Partnerschaft möglich sein. Entscheidenden Anteil hat dabei das Ausmaß der eigenen Fähigkeit zur Nächstenliebe. Sie ist das Fundament, auf dem jede Liebesbeziehung sich gesund entwickeln kann, etwa in Bezug auf Freunde, Eltern, Geschwister, Kinder oder auch zu einem göttlichen Wesen. Fehlt die Nächstenliebe, tendieren all diese Verbindungen zu einer leidvollen und enttäuschenden Entwicklung. Das gilt auch für die erotische Liebe. Wenn wir unsere Sexualität auf der Grundlage einer echten Herzensbeziehung leben, wird sich das als Quelle der Freude zeigen können und die Qualität auch der sinnlichen Begegnung erhöhen. Fehlt diese innere Verbindung, ist es unmöglich, allein durch viele erotische Beziehungen Befriedigung zu erlangen. Daraus entstehen oftmals sogar leidbringende Verstrickungen.

Der Buddha lehrt in seiner systematischen Art die verschiedenen Ebenen und Stufen der Entwicklung von Liebe und Mitgefühl sehr gründlich. Er empfiehlt dabei, von zunächst einfacheren Formen auszugehen und diese Kraft darauf aufbauend kontinuierlich auf immer mehr Lebewesen auszuweiten. Auch moderne Autoren wie etwa Ken Wilber sprechen davon, dass in der individuellen und kollektiven Entwicklung der Menschheit sich die Liebesfähigkeit über verschiedene Stufen entfaltet. So kann man die egozentrische, die ethnozentrische, die weltzentrische und kosmozentrische Liebe unterscheiden, je nachdem, wie weit man gelernt hat, seine Liebe auszuweiten. Ein Beispiel für diese Entwicklung ist das Entstehen eines weltzentrischen Bewusstseins in der Idee universeller Menschenrechte und der emphatische Ausdruck, dass »alle Menschen Brüder werden«, in der »Ode an die Freude« von Schiller, wie sie Beethoven in der 9. Symphonie äußerst eindrucksvoll vertont hat. In einer globalisierten Gesellschaft ist es notwendig, den engen Rahmen der Zuwendung zu der eigenen nationalen und ethnischen

Gruppe zu verlassen und den gesamten Planeten und seine Bewohner einzubeziehen.

In der buddhistischen Schulung beginnt man mit der Hinwendung zu sich selbst und geht dann zu den Freunden und Bekannten über. Dabei bleibt man aber nicht stehen, sondern bezieht im Weiteren auch Fremde und schließlich sogar feindliche oder problematische Personen ein. Wir wollen uns jetzt diesen einzelnen Stufen der »Öffnung des Herzens« zuwenden und jede einzelne eine Zeit lang meditieren, bevor wir zur nächsten übergehen. Gehen Sie dabei am besten in Ihrem eigenen Tempo vor. Vielleicht brauchen Sie einige Wochen, um sich selbst gegenüber eine liebevolle Haltung zu entwickeln. Wechseln Sie erst dann zur nächsten Gruppe, wenn Sie gewisse innere Erfahrungen gemacht haben. Die Vorerfahrungen in der Liebe gegenüber Freunden werden uns helfen, die Meditation später auch gegenüber Fremden und schließlich bei schwierigen Menschen auszuprobieren.

DIE METTA-MEDITATION

Für die Meditation richten Sie sich wieder einen ruhigen Platz ein und setzen sich in einer geeigneten Körperhaltung hin. Wir beruhigen den Geist mit der Betrachtung des Körpers und dann des Atems und richten anschließend die Bewusstheit auf den Geist selbst und lassen die Gedanken kommen und gehen.

1. Schritt: Sich selbst lieben

Schauen wir tief in unseren Geist hinein, werden wir eine Art grundlegenden Instinkt feststellen können. Es ist der Wunsch, glücklich zu sein und nicht zu leiden, der uns bei jeder Handlung motiviert.

Als Nächstes machen wir uns deutlich, dass wir auch das Recht haben, glücklich zu sein. Solange wir andere nicht in ihrem Streben nach Glück behindern, ist es ganz natürlich und gut, sich um sein eigenes Wohl zu kümmern.

Es mag sein, dass Sie Widerstände spüren bei dem Gedanken, ob es denn in Ordnung sei, sich selbst Gutes zu wünschen. Vielleicht verwechseln Sie diese Einstellung mit dem Egoismus, den wir ja gerade überwinden wollen. Tatsächlich ist es in manchen religiösen Traditionen verbreitet, sich selbst herabzusetzen. Manch einer mag von dieser Haltung stark geprägt sein. Von Frauen wird häufig erwartet, dass sie sich nur um andere kümmern und die eigenen Bedürfnisse zurückstellen. Auch dominiert in der Leistungsgesellschaft die Vorstellung, man sei nur liebenswert, wenn man alles richtig macht und perfekt ist. Da das nicht gelingen kann, entstehen Gefühle der Selbstablehnung. Oft fühlen wir uns schon in der Kindheit nicht bedingungslos angenommen. Leugnen wir aber unsere natürlichen Bedürfnisse, kann es zu tief sitzenden Frustrationen, zu Erschöpfung und Ärger kommen. Sich selbst zu lieben ist jedoch etwas vollkommen anderes als Egoismus. Egoismus heißt, sich selbst wichtiger zu nehmen als andere und auf deren Kosten nach Glück zu streben. Der Wunsch, glücklich sein zu wollen, ist dagegen ein natürlicher Zustand eines gesunden Geistes. Fehlt die Selbstakzeptanz, müssen wir diese aufbauen. Es wird uns sonst nicht möglich sein, andere von Herzen zu lieben, wie sie sind. Die Liebe zu uns selbst ist eine Art notwendige Blaupause, die wir auf das Wohlwollen gegenüber anderen übertragen und ausweiten können. So machen wir uns immer wieder deutlich, dass die Widerstände unbegründet sind, und unterstützen unseren Wunsch und unser Recht auf Glück.

Hinzu kommt, dass wir echtes Glück, wie wir es uns ersehnen, mit spirituellen Mitteln wirklich erreichen können. Es handelt sich nicht nur um eine Illusion.

Wenn wir also den Wunsch und das Recht haben, Glück zu erlangen, und es auch Wege gibt zu diesem

Ziel, ist es richtig und gut, innerlich den Satz zu formulieren: *»Möge ich glücklich sein«.*

Lassen Sie diese freundliche Haltung sich selbst gegenüber tief in sich einsinken und wiederholen Sie im Geiste immer wieder diesen Satz. Nun nehmen Sie weitere Sätze der liebenden Güte hinzu: *»Möge ich gesund und heiter sein!« – »Möge ich frei sein von Leiden und Gefahren!« – »Möge ich mich geborgen fühlen, möge mein Geist frei von Verwirrung sein!«*

Sie können sich auch vorstellen, wie Sie sich selbst, wie einen guten Freund, in den Arm nehmen.

Spüren Sie in sich hinein, ob es Ihnen gelingt, eine Haltung von Sympathie und Freundlichkeit für Sie selbst hervorzubringen, auch wenn dies ungewohnt sein mag. Wir können uns wie einem kleinen Kind gegenüber verhalten, das wir mit Wohlwollen betrachten, auch wenn es nicht alles richtig macht. Wir möchten das Kind beschützen, es unterstützen und fördern. Wenn wir uns so annehmen können und daraus ansatzweise ein Gefühl der Liebe uns selbst gegenüber entsteht, verweilen wir konzentriert darin. Lässt die Intensität nach, richten Sie Ihre Aufmerksamkeit zunächst wieder auf den Atem, dann auf den Körper, kommen in den Raum zurück und nehmen die innere Kraft mit in den Alltag hinein.

2. Schritt: Metta gegenüber Nahestehenden und Freunden

Vergegenwärtigen Sie sich eine vertraute Person, die Sie für ihre Hilfsbereitschaft und ihre guten Eigenschaften freundschaftlich schätzen. Nicht geeignet ist der Partner bzw. die Partnerin oder das eigene Kind, da sonst die Gefahr besteht, dass die Übung mit Anhaftung vermischt wird. Wählen Sie eine Person des eigenen Geschlechts und ungefähr des gleichen Alters, weil die liebevolle Zuneigung dann am reinsten kultiviert werden kann.

Stellen Sie sich diese Person möglichst plastisch vor und lassen Sie ihre Ausstrahlung auf sich wirken, als wäre sie bei Ihnen. Spüren Sie ihren guten Eigenschaften nach und empfinden Sie Wertschätzung und Nähe. Nun verdeutlichen Sie sich, dass sie im Kern so fühlt wie Sie selbst. Sie wünscht sich Glück und Leidfreiheit wie wir alle, und sie hat ein Recht darauf, danach zu streben. Auch hat diese Person das Potenzial dazu, und ihr stehen die Mittel zur Verfügung, ein solches echtes Wohlsein zu erlangen.

Wir wünschen diesem Menschen von Herzen Glück und Leidfreiheit. Dazu können wir wiederum die Sätze der liebenden Güte nutzen:

»Mögest du gesund und heiter sein!«

»Mögest du frei sein von Leiden und Gefahren!«

»Mögest du dich geborgen fühlen, möge dein Geist frei von Verwirrung sein!«

Wenn wir wissen, was diese Person braucht, können wir uns gezielt vorstellen, dass sich ihr Wunsch erfüllt, und uns darüber freuen. Es wird uns in diesem Fall wohl nicht schwerfallen, der Person Gutes zu wünschen, da sie uns ja nahesteht und hilfreich für uns ist.

Verweilen Sie entspannt und empfindsam in dieser wohlwollenden Haltung von Mitgefühl, die unser Herz befreit, so lange es Ihnen angenehm ist. Sie können auch weitere vertraute Personen heranziehen, um diese Haltung weiter einzuüben.

Schließlich lösen Sie die Meditation auf und wenden sich wieder dem Atem und dem Körper zu.

3. Schritt: Metta gegenüber Fremden

Wenn wir die Erfahrung von liebevoller Zuwendung mit Nahestehenden gemacht haben, erweitern wir im nächsten Schritt bei einer erneuten Meditation unsere Liebesfähigkeit. Dazu stellen wir uns jemanden vor, den wir kennen, aber mit dem wir bisher nicht näher bekannt waren. Dies kann eine Person sein, die uns in einem Laden oder Restaurant bedient, oder eine, die wir nur aus den Medien kennen.

Machen Sie sich ihre Erscheinung deutlich und spüren in sich hinein. Wahrscheinlich bemerken Sie ein Gefühl der Gleichgültigkeit, weil Ihnen dieser Mensch persönlich weder genutzt noch geschadet hat. Nun machen Sie sich aber deutlich, dass es sich bei diesem Menschen um ein fühlendes Wesen handelt, das genauso wie wir selbst und unsere Liebsten glücklich sein und nicht leiden möchte.

Es ist kein Argument, dass eine Person weniger wichtig ist, nur weil wir zufällig mit ihr in keiner engeren Beziehung stehen. Das wäre eine sehr enge Sichtweise. Außerdem kann es durchaus sein, dass wir uns schon bald näher kennenlernen und vielleicht Freunde werden. Dann wäre es uns sicherlich sehr peinlich, einzugestehen, dass ihr Schicksal uns vorher so wenig bedeutete wie ein Stein. Versuchen Sie also, zu dieser Person schrittweise ein Gefühl der Nähe hervorzubringen. Machen Sie sich klar, dass auch dieser Mensch glücklich sein möchte und frei von Schmerz und Leiden, wie Sie selbst. Selbstverständlich hat auch er das Recht dazu. Vielleicht können Sie auch erahnen, was diesen Menschen plagt und was er sich wünschen könnte. Mit einer Haltung des Wohlwollens wenden Sie sich dem Menschen bewusst zu und wünschen:

»Mögest du glücklich sein und frei von Leiden!«

Dann konkretisieren Sie Ihre guten Wünsche. So kann auch gegenüber einer ursprünglich recht entfernten Person ein Gefühl von Verbundenheit und Nähe entstehen.

Damit gelingt es uns, mit unserer Liebesfähigkeit einen entscheidenden Schritt über unsere angeborene Empathie gegenüber Freunden und Verwandten hinauszugehen. Wenn wir Mitgefühl mit engen Verwandten üben, müssen wir darauf achten, dass wir uns frei von Parteilichkeit machen. Denn es geht nur um die Bedürfnisse der anderen Person, nicht um unsere eigenen Interessen. Solange unsere Liebe von egozentrischen Erwägungen dominiert wird, bleibt sie beschränkt und wechselhaft. Sobald jemand etwas tut, was uns nicht gefällt, oder sich von uns abwendet, kann Zuneigung sogar zu Abneigung werden, wie es in vielen romantischen Liebesbeziehungen vorkommt.

Nur wenn wir uns zunehmend von den Erwägungen des persönlichen Nutzens und Schadens lösen, den wir von der anderen Person erfahren, werden wir wahres Mitgefühl erleben. Dazu haben wir als Basis den Gleichmut gelegt. Damit ist eine stabile Liebe gegenüber allen Wesen – insbesondere den Schwachen und Hilfsbedürftigen – denkbar. Auch wenn uns im täglichen Leben einige Personen näher stehen, ändert das nichts an unserem wohlwollenden Verhalten den anderen gegenüber. Wir werden sie nicht unfair behandeln und unsere Freunde bevorzugen. Tatsächlich ist die Gruppe der Fremden zahlenmäßig die größte

Gruppe und unsere positive Einstellung zu den auch weit entfernten Erdenbürgern gerade in einer globalisierten Gesellschaft sehr wichtig. Das gilt auch für unser eigenes Wohlergehen. Ignorieren wir ihre Bedürfnisse, wird das früher oder später auf uns zurückfallen. Wir können heute nur glücklich leben, wenn auch die anderen glücklich sind, mögen sie auch noch so weit entfernt sein, anderen Kulturen angehören und einen anderen Glauben haben.

Beenden Sie die Meditation, indem Sie den Geist neutralisieren durch die Betrachtung des Atems und des Körpers. Dann wenden Sie sich wieder der Außenwelt zu.

4. Schritt: Metta gegenüber schwierigen Menschen

Am schwierigsten ist es wohl, Mitgefühl gegenüber Menschen zu empfinden, die wir vielleicht sogar als unsere Feinde wahrnehmen. Christen nennen es die »Feindesliebe«. Aktivieren Sie dafür zuerst Ihr Mitgefühl mit Ihnen selbst, dann mit den Nahestehenden und schließlich mit den mehr neutralen Menschen. Danach stellen Sie sich eine Person vor, von der Sie meinen, dass sie Ihnen Leiden zugefügt hat. In dem Ausmaß, wie Sie es im Moment ertragen können, lassen Sie die belastenden Erfahrungen der Vergangenheit aufsteigen. Spüren Sie Widerwillen und Groll gegenüber dieser Person und den Geschehnissen?

Versuchen Sie erneut, Ihrem Denken eine Wendung zu geben. Machen Sie sich klar, dass die Ihnen unangenehme Person leidet. Ihr schädliches Verhalten ist ein deutlicher Hinweis auf ihre inneren Konflikte. Dieser Mensch ist offenbar ungeschickt bei der Suche nach Glück. Aufgrund negativer Erfahrungen ist er sehr unfrei in seinem Verhalten und schafft ständig neue Ursachen für sein zukünftiges Leiden. Im Übrigen wird auch diese Person unter grundlegenden Leiden der Menschheit wie Krankheit und (wenn Sie denn lange lebt) Alter und schließlich dem Tod leiden müssen. Unterscheiden Sie also zwischen der Person, der Sie Mitgefühl entgegenbringen wollen, und den negativen Antriebskräften, die sie wie eine Art Krankheitserreger befallen haben. Machen Sie sich deutlich, dass diese Person vermutlich auch positive Seiten hat, die Sie nur nicht sehen können. Vielleicht haben Sie auch selbst Anteil an der schwierigen Beziehung. Im Übrigen ist kein Mensch für immer darauf festgelegt, unser Feind zu sein, und wir können langfristig nach einer Phase der Versöhnung womöglich sogar Freunde werden.

Aufbauend auf diesen Bemühungen, den Groll gegenüber dieser Person loszulassen, können wir nun sogar beginnen, Mitgefühl mit dieser schwierigen Person zu entwickeln. Vielleicht ist es für Sie hilfreich, sich vorzustellen, wie dieser schwierige Mensch einmal ein kleines, schutzbedürftiges Kind war und wie er später ein alter, kranker Mensch sein wird. Auch diese Person will, wie alle anderen, Glück erleben und nicht leiden. Tatsächlich bedarf sie offenbar noch mehr der Hilfe als andere Menschen, die bereits einen besseren Weg zum Glück gefunden haben. Da unsere Liebe auf ihrer höchsten Stufe nicht von dem Nutzen, den eine Person für uns gegenwärtig hat, und von dessen Attraktivität abhängig sein sollte, gestehen Sie auch dieser Person das Recht auf Glück und die Verfügung über entsprechende Mittel zu. So bemühen Sie sich, auch gegenüber diesem Menschen die folgenden Sätze zu formulieren:

»Mögest du glücklich sein und Ursachen des Glücks ansammeln!«

»Mögest du dich vom Leiden und den Leidensursachen, die aus Verwirrung folgen, befreien!«

Seien Sie sich bewusst, dass Sie tatsächlich noch Abneigung verspüren, und verdrängen Sie diese nicht. Trotzdem können Sie beginnen, erste Impulse einer neuen Geisteshaltung universeller Liebe, selbst zu schwierigen Menschen, anzulegen, indem wir zunächst künstlich die entsprechenden Gedanken formulieren. Nach einer Weile werden sie dann natürlicher werden. Sie können auch eine Art Wunschgebet sprechen, um in der Zukunft in der Lage zu sein, diesem Menschen Mitgefühl entgegenzubringen.

Konzentrieren Sie sich zum Abschluss, so gut Sie können, zumindest auf das Konzept des Mitgefühls mit diesem für Sie schwierigen Menschen und neutralisieren Sie dann Ihren Geist mit Achtsamkeitsübungen. Danach öffnen Sie sich wieder für das Alltagsgeschehen.

DIE UNERMESSLICHE MITFREUDE

Nachdem wir uns im vorhergehenden Kapitel mit dem Gleichmut und zuletzt mit der Liebe und dem Mitgefühl beschäftigt haben, bleibt nur noch die Entwicklung der Mitfreude, um unseren inneren Himmel zu vervollständigen.

Die Freude ist eine der wesentlichen Kraftquellen und führt dazu, dass man schnelle Fortschritte macht. Zwar wird in den Religionen viel von der Reue gegenüber negativen Handlungen gesprochen, aber viel zu wenig erwähnt, dass man sich auch ausdrücklich an dem Guten, was man selbst und andere durchgeführt haben, erfreuen sollte. Tatsächlich gehören beide Aspekte zusammen. Vergleichbar mit der Kultivierung einer Pflanze, bei der man den Acker von groben Steinen befreit und dann Dünger und Wasser auf den Keimling leitet, ist es wichtig, den Geist von sehr negativen Eindrücken durch Reue zu befreien und gleichzeitig Freude zu empfinden. In vielen Weisheitstraditionen ist es deshalb zum Beispiel üblich, am Abend die eigenen Handlungen des Tages noch einmal vor dem inneren Auge Revue passieren zu lassen und eventuelle negative Handlungen zu bereuen, ohne sich dabei selbst infrage zu stellen oder Schuldgefühle zu entwickeln. Wenn Positives vorgefallen ist, kann man sich von Herzen darüber freuen und sich vielleicht sogar dafür mit einem guten Abendessen oder Ähnlichem belohnen. Sich an den guten Eigenschaften und Handlungen von sich selbst und anderen zu erfreuen, ist bei der Ansammlung positiver Energie eine wichtige Kraftquelle. Diese Übung wirkt depressiven, rastlosen und mutlosen Einstellungen entgegen, die in Zuständen der Überforderung durch die Arbeit oder auch durch den Druck, den wir auf uns selbst ausüben, entstehen können. Sie führt zu einem im positiven Sinne selbstbewussten, weiten und hellen Geisteszustand und unterstützt die Gesundheit, die sehr von harmonischen Beziehungen und der Selbstakzeptanz abhängt. Gute Anlagen aus der Vergangenheit werden wie von allein heranreifen und führen zu einer glücklichen Stimmung. Auch die Neurowissenschaft erkennt heute, dass man in einem freudigen und begeisterten Zustand besser und aufmerksamer lernt. Freude wirkt wie Dünger auf das Gehirn und ist Balsam für die Seele. Das ist eine sehr wichtige Einsicht, auch für die Lehre und Ausbildung an Schulen und Universitäten. Im Leben geht es nicht nur mit Pflichtgefühl, Routine oder gar Angst voran. Ohne Freude wird es nicht möglich sein, sich zu entwickeln. Diese Freude am Heilsamen ist im Buddhismus als die Tatkraft bekannt. Wenn man mit Freude die Qualitäten eines echten Lehrers betrachtet und sie sich zum Vorbild nimmt, wird man dessen Fähigkeiten selbst viel schneller entwickeln. Die Forschungen über die Spiegelneuronen belegen die große Bedeutung von Vorbildern für den Lernerfolg von Menschen. Wir können nicht allein mit Maschinen lernen, sondern brauchen lebendige Menschen, die uns inspirieren und Orientierung geben. Das gilt sowohl im Schulwesen als auch in der Spiritualität. Tatsächlich ist dieser Faktor vielleicht der wichtigste beim Lernen. Wenn man dagegen nur über die schlechten Eigenschaften anderer reflektiert, diese in sie hineinprojiziert und andere herabwürdigt, um selbst vermeintlich besser dazustehen, wird man sich mutlos und niedergedrückt fühlen. Meistens sind es nur unsere eigenen schlechten Eigenschaften, die wir in anderen wie eine Art Schatten sehen. In jeder Gesellschaft ist es deshalb wichtig – bei aller Kritikfähigkeit –, insbesondere den Menschen, die Verantwortung tragen, auch Respekt entgegenzubringen. In Gemeinschaften, wie etwa am Arbeitsplatz, entsteht eine wunderbare Atmosphäre, wenn man das Positive wechselseitig anerkennt und lobt. Das Erfreuen wirkt direkt der Leidenschaft des Neides entgegen, der die guten Eigenschaften anderer nicht ertragen kann, weil man sonst meint, selbst nicht genug gewürdigt zu werden. Die Folge wird sein, dass andere einen schätzen und man leichter zum Erfolg kommen wird.

Die Praxis des Erfreuens ist auch möglich, wenn man etwas bequem veranlagt ist und große Anstrengungen scheut. Man braucht sich einfach nur entspannt in die Hängematte zu legen und sich an anderen und ihren Bemühungen zu erfreuen. Mitfreude reduziert so ganz natürlich und unangestrengt die Egozentrik und führt zu Gelöstheit. Innerhalb der *Vier Unermesslichkeiten* freut man sich sogar an der Vorstellung, dass wir alle uns von sämtlichen Leiden und ihren Ursachen nachhaltig befreien mögen.

DIE MEDITATION DES ERFREUENS AN POSITIVEM

Auf Ihrem Meditationsplatz in einer geeigneten Körperhaltung angekommen, richten Sie Ihren Geist zunächst achtsam auf Ihren Körper und dann auf den Atem. So gelangen wir mit unserem Bewusstsein mehr in die Gegenwart und verringern unnötige Gedanken.

Nun machen Sie sich eine Eigenschaft bewusst, die Sie an sich schätzen. Vergegenwärtigen Sie sich, dass Sie diesen Vorzug haben und er von anderen geschätzt wird. Es entsteht ein Gefühl der Anerkennung für uns selbst und Selbstbewusstsein, das sich als Freude in unserem Geist und Körper ausbreitet. Genießen Sie dieses angenehme Gefühl. In dem Wissen, dass diese Eigenschaft sich nur durch die Unterstützung anderer entwickeln konnte, entsteht dabei keine Überheblichkeit, sondern eine dankbare Haltung. Nehmen Sie sich vor, dieses Heilsame weiter anwachsen zu lassen. Erinnern Sie sich nun an eine Situation, in der Sie jemand anderem geholfen haben. Erfreuen Sie sich daran, dass Sie das getan haben, und seien Sie sich bewusst, dass Sie damit sehr gute Anlagen in sich hinterlassen haben, die sich in Zukunft zu Glück auswirken werden. Beabsichtigen Sie auch in Zukunft wieder so zu handeln und verweilen möglichst konzentriert in dem freudigen und inspirierten Zustand.

DIE MEDITATION DER MITFREUDE AN ANDEREN

Stellen Sie sich nun eine Person aus Ihrem Bekanntenkreis oder eine Art Vorbild aus dem öffentlichen Leben vor. Machen Sie sich möglichst konkret bewusst, welche Eigenschaften und Handlungsweisen Sie an dieser

Person besonders schätzen, auch wenn sie vielleicht in ihrer Art ganz anders ist als Sie. Spüren Sie die positive Ausstrahlung und erfreuen Sie sich von Herzen an den guten Wirkungen, die sich auch in praktischen Handlungen zum Wohle anderer ausweiten. Wünschen Sie dieser Person auch, dass sie diese Fähigkeiten weiter entfalten und viel Erfolg bei ihren Bestrebungen haben möge. Freuen Sie sich an ihrem Wohlbefinden, wünschen ihr alles erdenklich Gute bis hin zur vollkommenen Befreiung von allen Leiden. Verbleiben Sie eine Zeit lang in diesem Zustand der Mitfreude.

Abschließend lösen Sie alle Vorstellungen auf, wie sich ein Regenbogen im Himmel auflöst. Werden Sie sich wieder Ihres Atems, dann des Körpers bewusst und beenden Sie Ihre Meditation. Inspiriert und gestärkt für den Alltag können wir uns vornehmen, wann immer wir etwas Positives an uns und anderen wahrnehmen oder wenn andere Menschen Erfolg in ihren positiven Bemühungen haben, nicht zu versäumen, uns von Herzen daran zu erfreuen.

AUSBLICK AUF WEITERE DIMENSIONEN GEISTIGER ENTWICKLUNG

Mit der Entwicklung der *Vier Unermesslichkeiten* sind wir in diesem Text an dem eingangs selbst gewählten Ziel angekommen, eine stabile geistige Grundlage für Glück und Gelassenheit im Alltag zu schaffen.

Die Arbeit mit unserem Geist ist der erfolgversprechendste Weg zum Glück (1. Kapitel), der mit der Erkenntnis beginnt, dass Sie an den Qualitäten Ihres Geistes arbeiten können (2. Kapitel). Der Königsweg dieser Geistesschulung ist die Meditation. Sie lernen, wie Sie sie vorbereiten (3. Kapitel) und wie Sie achtsam werden (4. Kapitel). Ausgestattet mit diesem Rüstzeug erfahren Sie das Wesen der Emotionen (5. Kapitel) und lernen, wie Sie Gegenmittel gegen die schädlichsten Emotionen – nämlich Gier und Hass – in Form von positiven Konditionierungen wie Dankbarkeit und Geduld anwenden. Die Entwicklung von Gleichmut als eine der *Vier Himmlischen Zustände* neben Liebe, Mitgefühl und Mitfreude macht Sie im Alltag schließlich wahrhaft glücklich und gelassen (6. und 7. Kapitel).

Dieser Schulungsweg hat seine Wurzeln im Buddhismus, aber Sie müssen sich keineswegs zum Buddhismus bekennen oder religiös werden. Die meisten Menschen im Westen sind heutzutage eher nicht religiös eingestellt. Gleichzeitig ist eine Schulung der Gedanken für ein glückliches persönliches Leben und eine mitfühlende Weltkultur zwingend notwendig. Deshalb fordert der Dalai Lama dazu auf, den Schatz buddhistischer Spiritualität für alle zu öffnen, und bezeichnet diesen Weg als die Vermittlung einer säkularen Ethik. Er fordert buddhistische Lehrer ganz im Sinne auch des historischen Buddha auf, Geistesschulung unter anderem so zu verbreiten, dass sie, allein aus humanitären, psychologischen und wissenschaftlichen Erwägungen heraus, verständlich und gut nachvollziehbar ist. Keine der in diesem Buch vorgestellten Übungen macht einen deshalb zwangsläufig zu einem Buddhisten. Sie stehen jedoch jedem offen, um sein Leben zu bereichern.

Was macht einen Weg zu einem buddhistischen Pfad? Man unterscheidet dabei das Verhalten eines Buddhisten und seine philosophische Ansicht.

Das Verhalten umfasst dabei die Gewaltlosigkeit auf der Grundlage der Lehren des historischen Buddha über die Wiedergeburt und das Gesetz von Handlungen und ihren Wirkungen (Karma). Wenn man also die erwähnten *Zehn unheilsamen Handlungen* unterlässt, nicht nur weil es einen und die anderen in diesem Leben glücklicher macht, sondern auch weil man überzeugt ist, dass dies gute Auswirkungen über den Tod hinaus hat, ist diese Ethik ein Teil des religiösen Weges des Buddhismus. Man glaubt dabei an das nicht materielle Wesen des Geistes und daran, dass er sich als eine Art Kontinuum in Verbindung mit einer subtilen Energie beim Tod vom Körper ablösen und dann mit einem neuen Körper verbinden wird. Die Prägungen des Geistes setzen sich dabei ebenfalls fort, und man wird nach dieser Überzeugung die Folgen früherer heilsamer und unheilsamer Handlungen in Form von Glück und Leid auch in späteren Leben erfahren. Die Folgen des eigenen Verhaltens, in Form von glücklichen oder leidvollen Wiedergeburten, stehen dabei in einem sehr viel weitergehenden Zusammenhang als bei einer säkularen Ethik. Auch das Mitgefühl bezieht sich in dieser Perspektive auf unendlich viele Wesen, die im Universum in verschiedenen Daseinsbereichen immer wieder Gestalt annehmen.

Die philosophische Ansicht des Buddhismus ist die des »Abhängigen Entstehens«. Hinter diesem etwas sperrigen Wort steht eine Weltsicht, nach der alle Personen und Dinge in der Welt sich in einem ständigen Wandel befinden. Sie existieren nur in Beziehung zueinander und besitzen deshalb kein vollkommen von anderem getrenntes Eigenwesen aus sich selbst heraus. Man könnte diese Vorstellung auch »holistisch« oder »ganzheitlich« nennen.

Aus dieser Analyse folgt auch, dass die gewöhnliche Art, wie man sein »Ich« erlebt, nicht der Wirklichkeit entspricht. In diesem Punkt stimmt der Buddhismus auch mit der modernen Neurowissenschaft vollkommen überein. Das »Ich« existiert zwar, ist danach aber nicht eine in Körper und Geist oder außerhalb davon auffindbare oder gar beständige Entität, wie wir es subjektiv zumeist erleben. Das »Ich« ist lediglich eine Benennung oder Interpretation des Geistes auf der Grundlage der Bestandteile von Körper und Geist. Der Buddha war wohl der erste Mensch auf diesem Planeten, der diese Tatsache in aller Deutlichkeit erkannte und durch die Meditation darüber zu einer Selbsterfahrung kam, die das gewöhnliche Ich-Empfinden transzendiert. Nach seiner Lehre ist es das Greifen nach einem Ego, das allen Verwirrungen des Geistes zugrunde liegt und damit auch allen Leiden. Ein Ende dieser Unwissenheit in der mystischen Erfahrung der Egolosigkeit beseitigt alle Leidenschaften und damit auch alle Leiden, die daraus entspringen. Nur diese Weisheit ist in der Lage, die negativen Emotionen nicht nur zu verringern, sondern vollkommen von der Wurzel her zu beseitigen. Diese Möglichkeit der Beendigung aller Projektionen und Störungen des Geistes nennt man Nirwana.

Alle Übungen, die wir bisher kennengelernt haben und die auch in anderen Religionen zu finden sind, sind im Buddhismus letztlich dafür gedacht, den Egoismus zu verringern, um dann zu der Weisheit zu kommen, dass es gar kein Ego gibt.

Im Mahayana-Buddhismus wurde darüber hinaus diese Philosophie noch weiterentwickelt: Auch alle Objekte, die nicht ein Ich bzw. eine Person sind, existieren nur in Beziehung zu anderen Phänomenen – insbesondere abhängig von geistigen Interpretationen – und gar nicht aus ihrem eigenen Wesen heraus. Diese Tatsache wird *Leerheit* genannt.

Darüber hinaus entstand in dieser Form des Buddhismus das Ideal des Bodhisattvas, der nicht nur nach der persönlichen Erlösung im Nirwana strebt. Auf der Grundlage einer besonderen Verantwortungskraft entwickelt er den Erleuchtungsgeist, indem er danach strebt, das volle Potenzial eines Menschen – das wir alle in uns tragen und das »Buddha-Natur« genannt wird – zu verwirklichen, um den Wesen besser helfen zu können. Er praktiziert dann mit den *Sechs Vollkommenheiten* der Freigebigkeit, Ethik, Geduld, Tatkraft, Konzentration und Weisheit über viele Leben hinweg einen Weg, mit dem er eine außerordentliche Ansammlung positiver Handlungen durchführt und damit letztlich die Buddhaschaft erlangt. Ist das Ziel der Buddhaschaft erreicht, manifestiert sich die unermessliche Liebe und Weisheit eines solchen Wesens in unendlich vielen Gestalten, wie etwa auch als Mensch zum Wohle der anderen im Universum.

An ein solches Ziel vollkommener Leidfreiheit und der Transformation der eigenen Person in eine Art göttlichen Zustand zu glauben fällt sicherlich zunächst schwer. Eine solche Überzeugung ist auch nicht nötig, um die in diesem Buch vorgestellten Übungen zur Erlangung von Gelassenheit und Glück in diesem Leben durchzuführen. »Nirvana will come later« nennt es der Dalai Lama gern. Wichtig sind zunächst allein die Schritte, die man jetzt in die Richtung zu echtem Glück geht. Alles andere wird sich daraus ergeben.

LEKTÜRELISTE

Bauer, Joachim: *Selbststeuerung* bei Blessing 2015

Culadasa: *Handbuch Meditation* bei Arkana 2017

Dalai Lama: *Rückkehr zur Menschlichkeit* bei Bastei Lübbe 2013

Dalai Lama: *Einführung in den Buddhismus – Die Harvard-Vorlesungen* bei Herder 2015

Fromm, Erich: *Die Kunst des Liebens* bei Manesse 2016

Goleman, Daniel: *Dialog mit dem Dalai Lama* bei Hanser 2003

Hüther, Gerald: *Was wir sind und was wir sein könnten* bei S. Fischer 2013

Kabat-Zinn, Jon: *Gesund durch Meditation* bei Knaur 2013

Kornfield, Jack (Hrsg.): *Die Lehren Buddhas* bei Knaur Mens-Sana 2010

Küng, Hans: *Projekt Weltethos* bei Piper 1996

Nyanaponika: *Geistestraining durch Achtsamkeit* bei Beyerlein & Steinschulte 1993

Ricard, Matthieu: *Meditation* bei Knaur 2011

Salzberg, Sharon: *Metta Meditation* bei Arbor 2003

Shantideva: *Bodhicaryavatara* bei O. W. Barth 2005

Singer, Tania (Hrsg.): *Mitgefühl in der Wirtschaft* bei Knaus 2015

Singer, Wolf / Ricard, Matthieu: *Jenseits des Selbst* bei Suhrkamp 2018

Spitzer, Manfred: *Lernen* bei Spektrum 2007
Thich Nhat Hanh: *Ich pflanze ein Lächeln* bei Goldmann 2007
Tolle, Eckhart: *Eine neue Erde* bei Goldmann Arkana 2015
Wilber, Ken: *Ganzheitlich handeln* bei Arbor 2001